송원섭 신부와 별바라기 이야기

고통받던 청소년들의 삶의 복구소

송원섭 신부와
별바라기 이야기

송원섭 지음

인생산책

추천사

　　　　　　　　　　　이 책은 아이들 한 명, 한 명의 고통과 눈물, 슬픔이 녹아있는 결코 가볍지 않은 인생들에 대한 책이면서도, 동시에 기쁨과 환희, 희망을 노래할 수 있다는 점에서 우리 사회 구성원 모두가 꼭 읽어봤으면 하는 책입니다. 또한, 그 희망과 기쁨이 소설 속에 존재하는 픽션이 아니라, 절절하게 와닿는 아이들의 현실 속 삶이라는 점에서 그 가치가 무한하다는 말씀을 드리고 싶습니다.

　송원섭 신부님을 처음 알게 되었던 때는 신문기사와 평화방송 채널에서 신부님의 인터뷰를 통해 '자립준비청소년'과 '자립청년'들에 대한 이야기를 접했을 때였습니다. 신부님께서는 보육원을 거쳐 아동·청소년 보호시설에서 지내던 아이들이 만 19세가 되는 순간, 아이들 수중에 월세 보증금조차 안되는 약간의 돈만 쥐어진 채로 보호시설 밖으로 내쫓겨야 하는 현실에 대한 이야기를 하셨습니다.

신부님의 이야기를 들으면서 과거 20살 청년 시절이었던 저를 떠올려 보았습니다. 20대 시절, 경제적으로 부유하지는 않았던 가정환경에서 자라와 상경한 후, 혼자 고군분투하면서 '고생도 많았다' 생각했던 제 자신이 그렇게 부끄러울 수가 없었습니다. 우리가 흔히들 생각하는 '일반적인' 가정환경에서 자라왔다면 너무도 당연하게 생각해 온 것들이 자립 청년들에게는 그 어느 것 하나도 당연하지 않은 것이라는 사실을 알게 되면서, 아이들이 얼마나 '절망스럽고 고통스러울까' 하는 생각이 들었습니다. 적은 돈이었지만 공부 열심히 하라고 용돈이라도 받을 수 있는 처지, 힘들 때나 지쳤을 때 언제든지 전화하고 만날 수 있는 '부모님'이라는 든든한 존재가 있다는 사실도 이 아이들에게는 기대할 수 없는 '사치'에 가까운 것이었습니다. 어린아이들에게 세상의 전부와도 같은 '가정'이, 이 아이들에게는 벗어날 수 없는 지옥과도 같은 곳이자, 매일 본인을 절망에 빠뜨려 하루에도 수십 번씩 '생을 포기할까' 고민하게 만드는 곳이었습니다.

부모님의 사랑과 지원을 듬뿍 받고 자란 청년들도 만 19세부터 한 명의 완전한 사회인으로 자립하기까지는 10년에 가까운 오랜 시간이 걸립니다. '2022년 서울청년패널 기초분석 결과'에 따르면 혼자 사는 청년의 자산 빈곤율은 62.7%에 달하고, 생활비가 부족할 때는 주로 부모에게 지원을 받는 것으로 조사되었으며, 부모와 동거하는 청년의 예상 독립 나이는 평균 30.6세라고 합니다. 하물며 부모님의 지원을 받는 청년들도 이렇게 힘든 시간을 보내야만 하는 현실인데, 부모의 도움을 기댈 수조차 없는 아이들에게 우리가 어떻게 감히 '노력이 부족하다', '왜 일하지 않느냐', '남들도 다 힘들게 산다'라는 이야기를 할 수 있을까요?

신부님의 초대로 연말 행사를 통해 아이들을 처음 만나러 가던 길이 생각납니다. 지하철을 타고 가는 동안 '제가 무의식적으로 하는 말이나 행동들이 아이들에게 상처가 되지 않게 해주십사' 하며 노심초사 기도를 드렸습니다. 그런데, 상처가 깊은 아이들을 어떻게 대하고 말해야 할지 고민스러웠던 제 걱정은 그저 기우에 불과했지요. 아이들을 만나 이야기를 나누면서 느낀 순수함과 천진난만함은 또래의 아이들과 다를 것이 하나도 없었습니다. 어떻게 이런 영락없이 귀여운 아이들을 부모가 방임하고, 폭력을 휘두르며, 학대할 수 있을까 도무지 이해가 되지 않았습니다. 그렇게 폭력과 학대를 당하면서도 '내 동생만은' 또는 '내 엄마만은' 자신과 같은 모진 고통을 당하지 않기를 바라던 아이들… 차라리 내가 학대를 당하는 게 낫다는 착한 마음씨를 가진 아이들의 희생을 보면서, 그날 밤 눈물을 훔치며 '성모님, 제발 이 아이들의 어머니가 되어주셔서 이 착한 아이들을 지켜주십시오' 하며 묵주기도를 드렸던 기억이 납니다. 그리고 추운 겨울 날씨에 부모님 품에 따뜻하게 안겨있어야 할 아이들이 한밤중에 맨발에 슬리퍼를 신고, 연고도 없는 청소년일시쉼터로 복귀해야만 하는 상황을 보면서, 우리 어른들이 사회를 위해 진짜 해야 할 일이 무엇인지 명확하게 깨닫게 되었습니다.

송원섭 신부님과 '별바라기'는 이런 아이들에게 더 이상 물러날 수 없는 최후의 보루와도 같은 역할을 하고 있습니다. 우리 사회와 어른들은 외면한 아이들이 인생에서 마지막으로 기대고, 희망을 걸어볼 수 있는 존재들입니다. 하지만, 이들에게만 모든 짐을 지우기에는 그 짐이 너무 무겁습니다. 예수님께서 십자가를 지고 가셨을 때, 키레네 사람 시몬이 곁에서 십자가를 나눠지고 갔던 것처럼, 우리들 모두가 아주 조금씩만 관심을 갖고 도움의 손길을 내민다면, 십자가의 무게는 모두가 감당할 수 있을 만큼 가벼워질 것입니다.

저는 신부님과 아이들에게 자그마한 도움을 드리면서 내가 모든 것을 갖는 삶보다 남을 위해 나눠줄 줄 아는 것이 형언할 수 없는 기쁨으로 마음이 가득 채워지는 삶임을 체험했습니다. 우리 인간은 타인을 사랑함으로써 오히려 본인의 마음이 행복감으로 충만해지도록 설계되어 있다고 생각합니다. 원치 않는 고통 속에 살아가야 하는 현실이지만, 이 책을 통해 '자립준비청소년', '자립청년' 아이들에게 조금만 관심을 가지고 함께 나누고 살아간다면, 우리 모두가 기쁨과 행복이 충만한 삶을 살 수 있다고 생각합니다. 그리고 나눔을 통해 서로 사랑하는 삶을 살아갈 때, 비로소 이 땅에서도 하느님 나라를 세울 수 있다고 믿습니다.

송원섭 신부님과
별바라기 아이들을 위해
기도하는 한 후원회원

인사말

안녕하세요. 저는 인천교구의 송원섭 베드로 신부입니다. 현재 저는 가톨릭아동청소년재단에서 보호복지시설들을 대표하여 활동하고 있으며, 동시에 인천시청소년자립지원관의 관장으로서 청소년 자립을 위한 다양한 활동을 하고 있습니다.

제가 운영하고 있는 청소년자립지원관 '별바라기'에는, 스스로 삶을 책임지며 자립해야 하는 자립준비청소년 64명과, 이미 자립은 하였지만 외로움과 고립 속에서 살아가는 청년 40여 명 등, 총 100여 명의 청소년과 청년들이 함께 생활하고 있습니다.

여기서 말하는 '청소년'은 청소년기본법에 따라 만 9세부터 만 24세까지의 연령대를 의미합니다. 이들은 대부분 만 19세가 되는 해에 아동·청소년 보호시설에서 퇴소한 뒤, 저희 별바라기에 입소하여 새로운 삶을 준비하고 있습니다.

별바라기에서는 이들에게 혼자 살아가기 위한 생존교육, 그리고 체계적인 자립 훈련을 통해 사회에 안정적으로 뿌리내릴 수 있도록 돕고 있습니다.

별바라기에서 함께 생활하는 청소년들은 우리 사회에서 '위기청소년, 자립준비청소년, 자립청년, 취약청소년'이라 불리는 이들입니다. 이들은 부모로부터 돌봄을 받지 못하고, 가정이 해체되었거나 가정 자체에서 이탈되어 무의탁 상태에 놓인 경우가 많습니다. 또한 많은 아이들이 어린 시절부터 가정폭력, 아동학대, 착취, 감금 등 심각한 피해를 겪었고, 그로 인해 학교나 이웃의 신고로 가정으로부터 분리되어 보호시설로 입소하게 되었습니다.

이들 중에는 보육원에서 보호 기간이 만료되어 퇴소한 청소년, 자발적이든 아니든 중도 퇴소한 이들, 소년원 등 법무부 시설에서 나왔지만 갈 곳이 없는 청소년들도 포함되어 있습니다.

이들이 만 19세의 성인이 되면, 별바라기 청소년자립지원관으로 연계되어 본격적인 자립 준비 과정을 시작하게 됩니다.

별바라기에서는 이들에게 총 9가지 자립 영역을 중심으

로 훈련과 지도를 제공합니다. 자립 의지, 진로와 직업, 경제관리, 학업, 주거 관리, 일상생활, 사회기술, 건강 보호, 지역사회 자원 활용 등입니다. 이러한 종합적인 훈련을 통해 단지 독립해서 살아가는 것을 넘어, 삶을 주체적으로 선택하고 지속적으로 이어갈 수 있는 힘을 기를 수 있도록 돕고 있습니다.

혼자 자립해야 하는 청소년들이 가장 많이 하는 말 중 하나는 다음과 같습니다.

"엄마가 너무 그립고, 아빠가 너무 보고 싶어요."
"너무 외롭고, 쓸쓸하고, 슬퍼요."

아이들은 힘들 때 의지할 수 있는 아버지, 지칠 때 마음을 터놓을 수 있는 어머니의 존재를 간절히 그리워합니다. 외로움과 고단함 속에서도 꿋꿋이 살아가려는 이 아이들이 건강하게 자립할 수 있도록, 여러분의 기도와 관심이 간절히 필요합니다.

이 책에 실린 이야기들을 담아내는 과정은 결코 쉽지 않았습니다. 과거의 아픔을 다시 떠올려야 하는 일이었고, 자신의 상처가 외부에 드러나는 것을 두려워하는 아이들에게는 큰 용기가 필요했습니다. 하지만 저는 이들의 동의를 얻어 이 작업을 시작했습니다. 왜냐하면 많은 사람들에게 알려야 했기 때문입니다.

왜 이들이 혼자 자립하기 어려운지, 이들이 얼마나 무거운 짐을 지고 살아가는지, 그리고 왜 국가가 아닌 가톨릭 사제가 현장에서 이들을 돌볼 수밖에 없는지 그 이유를 나누고 싶었습니다. 또한 이들이 별바라기에서 어떻게 다시 생명을 얻고, 기도와 도움, 응원을 통해 삶에 대한 희망을 회복했는지 보여드리고 싶었습니다. 이 책에는 그들과 함께 지낸 저의 이야기와, 그 속에서 직접 보고 듣고 느낀 아이들의 이야기가 담겨 있습니다. 다만 개인 정보 보호를 위해 일부 내용은 각색되었으며, 자극적인 표현은 가능한 한 자제했음을 미리 말씀드립니다.

이 책을 통해 지금도 가정 없이 자립을 시도하고 있지만 실패를 거듭하고 있는 청소년들, 과거의 상처와 좌절 속에서 내일을 포기한 청소년들, 마음속에 깊은 슬픔과 괴로움으로 버티고 있는 청소년들이 다시 한번 희망을 품게 되기를 간절히 바랍니다.

그리고 그들에게 말하고 싶습니다.

"아직 늦지 않았습니다. 대한민국에는 '자립지원관'이 있고, 여러분을 기다리는 마지막 기회가 남아 있습니다."

이 책의 수익은 전액, 자립을 준비하는 청소년들의 자립훈련비, 의료 지원, 긴급 생계비, 자활 훈련 및 생활 지원을 위한 기금으로 사용됩니다. 여러분의 작은 나눔이, 한 명 한 명 자립준비청소년들의 인생을 다시 세우는 큰 디딤돌이 됩니다.

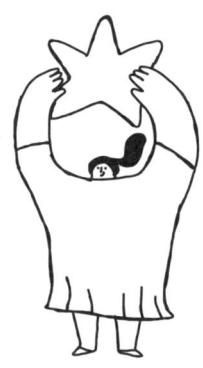

별바라기의 의미

'별바라기'는 말 그대로 하늘의 별을 바라본다는 뜻입니다. 옛날, 나침반이나 지도조차 없던 시절, 사람들은 하늘에 떠 있는 별을 보며 방향을 정하고 길을 찾았습니다. 땅 위에서는 물론이고, 아무런 표식도 없는 수평선뿐인 바다 위에서는 더욱 그랬습니다. 그들에게 별은 유일한 나침반이자 희망이었고, 어디로 나아가야 할지를 알려주는 존재였습니다.

별바라기는 그런 별처럼, 인생의 길을 잃고 방황하는 자립청소년들에게 하나의 방향이 되어주고자 합니다. 가정의 해체, 상처, 외로움, 버거운 책임과 삶의 무게 속에서 어디로 가야 할지 몰라 주저앉은 청소년들에게, '이 길로 가면 괜찮다'고 말해주는 조용한 빛이 되고자 합니다. 우리가 당신의 하늘 위에 떠 있는 별이 되어, 다시 일어설 수 있도록, 다시 꿈꿀 수 있도록 돕고 싶습니다.

별을 바라보며 항해하듯, 별바라기를 통해 아이들이 다시 자신의 삶을 항해할 수 있기를 바랍니다.

목차

4 추천사
10 인사말
15 별바라기의 의미

chapter 1. 송원섭 신부 이야기
- 아이들과 함께 걷는 길 위에서

22 아이러니
26 예수님도 성전에만 머무르지 않으셨다
30 마음의 숨을 되살리는 일
33 작은 삶에 함께하는 기쁨
37 사랑은 오래참고

chapter 2. 별바라기 이야기
- 어둠에서 더욱 빛나는 별 하나

- 42   텅 빈 마음을 채우는 별바라기
- 45   어둠을 밝히는 별바라기
- 48   청소년 인권의 최전선, 별바라기
- 50   아이들이 왜 스스로를 다치게 했는가
- 53   청소년들이 경험하는 가장 큰 어려움
- 58   한걸음 더 이해하기

chapter 3. 심리·정서적 자립
- 회복과 변화의 시작

- 66   자립의 시작이자 중심
- 68   나는 할 수 있다는 믿음
- 71   정서·심리 회복을 위한 작은 실천
- 76   따뜻한 어른의 존재
- 81   첫 번째 별 이야기, 해성
- 86   두 번째 별 이야기
- 89   세 번째 별 이야기, 광석
- 94   네 번째 별 이야기, 민아
- 96   다섯 번째 별 이야기, 은선

chapter 4. 경제적 자립
- 삶을 유지하는 생존 기술

102   세상을 살아내는 연습
105   여섯 번째 별 이야기, 재우
109   일곱 번째 별 이야기, 인성
114   여덟 번째 별 이야기, 미진
116   아홉 번째 별 이야기
119   열 번째 별 이야기, 승현
124   열한 번째 별 이야기, 병규

chapter 5. 공동체적 자립
- 혼자가 아니라는 믿음

132   이별 앞에 더욱 고통 받는 아이들
136   청소년들이 병원에 가지 않는 이유
139   함께할 누군가가 있다는 것
143   열두 번째 별 이야기, 지혜
151   열세 번째 별 이야기
154   열네 번째 별 이야기
159   열다섯 번째 별 이야기
162   열여섯 번째 별 이야기, 다정

chapter 6. 함께 걷는 이 길
- 앞으로의 이야기

170 절대 잊지 못할 아이들
174 심폐소생의 시간
178 위대한 위로와 용기
181 내가 걸어가야 할 길
185 해성보육원 어린이들과의 은총의 시간
189 하느님께 걱정을 맡긴 날
193 사랑으로 함께한 따뜻한 손길

chapter 1
송원섭 신부 이야기

―

아이들과 함께 걷는 길 위에서

아이러니
: 하느님의 이끄심

나는 3남 2녀 중 장남으로 태어났다. 군인이셨던 아버지를 따라 인천, 부천, 진해, 대전, 홍천, 서울까지, 이사란 이사는 다 다니며 자랐다. 그 모든 도시들의 기억에는 하나같이 좁은 군인아파트 거실이 배경으로 남아 있다. 거실에 돗자리를 깔고 다 함께 먹고 자던 그 시절, 나는 이미 집안의 '작은 아버지'였다.

초등학교가 끝나고 집에 오면 포대기에 아기를 업고 어머니를 도왔다. 기저귀를 갈고, 분유를 타서 먹이고, 밤에 울면 달래고, 그러면서 자연스레 '육아'라는 것을 배웠다.

친구들이 놀자고 불러도 갈 수 없었다. 내가 빠지면 엄마 혼자 감당해야 하니까. 그래서 난 늘 마음속으로 외쳤다. '이 아기만 잘 키우면 자유를 얻을 수 있어' 하지만 얼마 지나지 않아 또 아기가 태어났다. 그리고 또 태어나고, 또 태어났다.

그때 나는 마음속으로 다짐했다. '나는 커서 아이 안 키우는 일을 해야겠다' 그런 나에게 성당 신부님이 웃으면서 농담처럼 하셨던 말씀이 아직도 기억난다.

"너 신부 되면 평생 아이 안 키우고 산다."

나는 그 말에 혹했고, 정말로 신부가 되기로 결심했다. 그렇게 20살에 신학교에 들어가 10년을 공부한 끝에 사제가 되었다.

그런데 지금, 나는 신부가 된 지 13년째, 60명이 넘는 아이들을 키우고 있다. 이 말을 들은 사람들은 종종 웃는다. 아이러니한 삶이라며. 나도 종종 웃는다. 하지만 그 웃음 안에는 하느님께서 내 삶을 얼마나 깊이 이끄셨는지에 대한 경외심이 담겨 있다.

돌이켜보면, 어린 시절 동생들과 함께 지낸 시간은 내게 무척 소중한 체험이었다. 그 시간들은 나로 하여금 어린 마음을 더 깊이 이해하게 해주었고, 감정에 귀 기울이는 감수성을 길러주었다.

부모님을 통해서는 하느님 사랑 안에서 아이를 키운다는 것이 어떤 의미인지, 그 가르침을 삶으로 배울 수 있었다. 그리고 지금, 자립지원관에서 만나는 아이들에게서 나는 다시 그 사랑을 본다.

이 아이들은 너무 어리고, 너무 많이 아프다. 누군가의 품 안에서 한없이 울어야 마땅한 아이들. 때로는 억울함을 삼키고, 세상 앞에서 조용히 고개 숙인 채 살아가야 했던 아이들. 그런 아이들을 바라보면, 자연스럽게 나의 어린 동생들이 떠오른다.

그래서 누군가가 울고 있다면 나는 주저하지 않는다. 당장 달려가 눈물을 닦아주고, 그 곁에 있어주고 싶다. 몸이 아파 일을 하지 못하면 대신 해주고 싶고, 상처받았을 땐 내가 나서서 그 아이를 지켜주고 싶다. 왜냐하면 이 아이들 또한, 하느님께서 내게 맡기신 가족이기 때문이다.

나는 이 아이들을 위해 존재한다.

이미 하느님께 너무 많은 사랑을 받았으니, 이제는 그 사랑에 평생 보답하며 살아가는 일만 남았다. 아이를 키우지 않기 위해 선택했던 길에서, 이토록 많은 아이들을 사랑하게 될 줄은 나도 몰랐다.

그러나 이제는 확신한다.
그때 내게 아이들을 맡기셨던 하느님의 뜻은,
나를 이 길로 부르기 위함이었다는 것을.

예수님도 성전에만 머무르지 않으셨다
: 사제가 왜 이런 일을 하느냐 묻는다면

자립지원관을 운영하다 보면 참 많은 분들을 만나게 된다. 지역 주민부터 공무원, 여러 기관의 관계자, 사회복지사, 때로는 기업의 대표들까지 다양한 사람들이 찾아온다. 그분들과 이야기를 나누다 보면, 종종 비슷한 질문을 받는다.

"신부님이 이런 일도 하세요?", "가톨릭 사제가 원래 이런 활동도 합니까?" 처음엔 조금 낯설게 느껴지는 질문이었지만, 이제는 자연스럽게 웃으며 대답하곤 한다.

"네, 사제는 예수님의 말씀 안에서, 가톨릭 정신으로 살아가는 사람입니다."

사제직은 단지 성당 제대 앞에서 미사를 집전하는 것에만 머무르지 않는다. 사제는 복음을 전하고, 하느님의 백성을 돌보는 사람이다. 그리고 복음이 가장 먼저 전해져야 할 곳은, 세상의 가장 낮고 어두운 자리이다. 예수님께서 그러하셨기 때문이다.

예수님은 성전에만 머무르지 않으셨다. 오히려 그분은 병자와 창녀와 세리, 외로운 이들과 함께 식사하시고, 죄인과 함께 걸으셨다.

가난한 이들을 우선적으로 돌보시고, 사회의 가장자리에서 소외된 이들에게 "너는 내 사랑받는 아들이다, 딸이다"라고 말씀하셨다.

내가 지금 자립지원관에서 만나는 아이들 역시, 그 사랑의 대상이자 예수님께서 가장 먼저 품고자 하신 이들이다. 이 아이들은 대부분 어릴 때부터 보호받지 못한 채, 상처와 결핍 속에 자라났다. 누군가의 따뜻한 눈길, 정당한 보호, 공정한 기회, 그 기본적인 것들조차 누리지 못하고 살아온 이들이 많다. 그런 이들에게 나는 단지 '복지인'으로 다가가고 싶지 않다.

나는 이 아이들의 '형'이자 '오빠'이며, 때로는 아버지 같은 존재이고 싶다. 그리고 그 마음의 바탕에는 예수님의 사랑과 복음이 있다.

사제직이란 무엇인가. 그것은 예수님의 삶을 이 땅에서 계속 살아가는 사람, 곧 "가난한 이에게 기쁜 소식을 전하고, 상처받은 마음을 싸매주며, 포로에게 해방을 선포하고, 눈먼 이를 다시 보게 하며, 억압받는 이를 풀어주는"(루카 4,18) 사람이다.

가톨릭 정신이란 무엇인가. 그것은 하느님의 사랑이 가장 먼저 약자에게 향한다는 것을 믿고 살아가는 삶의 태도이다.

사제란, 바로 그 정신을 가장 먼저 살아내야 할 사람이다. 그래서 나는 지금, 여기에서 사제로 살아간다. 제대에서 드리는 미사도 나의 사제직이고, 아이의 눈물을 닦아주는 손길도 나의 사제직이다. 아픈 청년의 병원비를 마련하고, 분노로 가득 찬 아이의 얘기를 밤새 들어주는 것, 그 모든 것이 바로 복음의 사제직이다.

사제에게 있어 교회는 건물 안에만 있는 것이 아니다. 교회는 곧 고통받는 사람 한 사람 한 사람이며, 그들의 삶 한가운데에서 예수님의 마음으로 함께하는 것이야말로 가장 복음적인 사제의 모습이라고 나는 믿는다.

  그리고 이와 같은 정신으로 오늘도 함께 걸어가고 있는 가톨릭아동청소년재단의 신부님들께 늘 감사한 마음을 품고 있다. 같은 동료 사제로서, 각자의 자리에서 고되고 험한 사목의 현장을 지키며 서로에게 격려가 되고, 위로가 되고, 또 힘이 되어주는 참으로 소중한 이들이다. 서로의 눈빛만으로도 마음을 읽을 수 있는 그런 동료들이 있기에, 이 길 위의 걸음이 결코 외롭지 않다.

  그리고 오늘도 그 발걸음을 통해, 우리는 예수님의 사랑이 세상 한가운데 살아 숨 쉬고 있다는 증거가 되고 있다.

마음의 숨을 되살리는 일
: 청소년들과 함께 울고 웃으며

사회복지 현장에서 청소년들과 함께하는 모든 과정은 '사례관리'라고 부른다. 단순한 지원이나 개입이 아니라, 한 사람의 삶을 통합적으로 이해하고 동반하는 일이다.

사례관리를 하다 보면 정신적·감정적 소진은 물론, 신체적인 피로도 크다. 하지만 그럼에도 이 일을 놓지 못하는 이유는, 아이들의 삶 속에 찾아오는 아주 작은 변화들 때문이다. 그 변화는 종종 '기적'이라는 단어가 어울릴 만큼 감동적으로 다가온다.

가장 보람을 느끼는 순간은, 어둠과 분노, 깊은 슬픔 속에 잠겨 있던 청소년의 얼굴에 처음으로 미소가 피어나는 순간이다. 웃음이 어색했던 얼굴에 생기가 서서히 돌아올 때, 그 마음이 얼마나 아프고 지쳐 있었는지를 새삼 느끼게 된다. 정말 있을 수 있을까 싶은 일들이, 대한민국에서 실제로 벌어졌다는 현실이 참 안타깝다. 그 무거운 삶 속에서 다시 웃고 싶다는 마음이 피어날 때, 사례관리자는 다시 한 번 이 일을 계속할 힘을 얻는다.

또 하나의 보람은, 변화가 쉽지 않은 청소년들이 자신의 아픔을 직면하고 자립을 결심하는 순간이다. 어린 시절의 상처는 크고 깊어서 쉽게 나아지지 않는다. 하지만 포기하지 않고 자신을 돌아보며 다시 걸음을 내딛는 모습은, 말 그대로 큰 은총이 아닐 수 없다.

가끔은 이렇게 표현하고 싶어진다. 아이들이 마치 '마음의 숨'을 잃어가고 있다고. 생명이 꺼져가는 듯한 눈빛, 기운 없는 목소리, 무표정한 얼굴을 보면, 그 안에 갇힌 감정의 무게를 짐작하게 된다. 그런 아이들을 향해 사례관리자는 마치 심폐소생술을 하듯 다가간다. 언젠가 다시 숨 쉬게 되기를 바라며, 조심스럽고 꾸준히 곁을 지킨다. 그러다 어느 날, 아이가 숨을 쉬고, 일어나고, 걷기 시작하면, 함께 살아난 것 같은 기쁨이 찾아온다.

예를 들면 이런 순간들이다.

늘 지각하던 아이가 정시에 출근하기 시작했을 때, 누구에게도 말하지 않던 과거를 조심스럽게 털어놓을 때, 모든 어른에게 적대적이던 아이가 "감사합니다"라고 인사할 때, 자해를 멈추고 자신의 몸을 소중히 여기기 시작할 때, 감정을 조절하지 못하던 친구가 분노 대신 숨을 고를 줄 알게 되었을 때, 깊은 우울 속에 있던 아이가 "보고 싶었다"며 찾아왔을 때.

이 모든 장면은 사례관리자에게는 하나의 '결실'이다.

아이의 변화는 단순한 행동의 개선을 넘어, 삶에 대한 태도와 자기 존재에 대한 인식이 바뀌고 있다는 뜻이기 때문이다.

아이들과 함께하는 이 길은 늘 쉽지 않지만, 그만큼 깊고 아름답다. 상처를 안고 살아가는 청소년들이 자립의 여정에서 스스로를 회복해 나가는 모습을 곁에서 지켜볼 수 있다는 것은, 사례관리자로서 누릴 수 있는 가장 큰 감사이자 기쁨이다.

작은 삶에 함께하는 기쁨
: 또 하나의 새로운 다짐

토요일마다 자주 방문하며 미사를 드리고 나눔의 시간을 갖는 그룹홈이 있다. 인도에서 오신 수녀님들께서 아이들을 신심 안에서 지극정성으로 돌보고 계신 곳이다. 갈 때마다 아이들에게 용돈도 쥐어주고, 작은 선물도 전하며 함께 식사하는 시간이 어느새 나에게 있어 기쁨의 시간이 되었다.

아이들은 성당에도 열심히 다니고, 봉사에도 적극적이며, 텃밭도 부지런히 가꾸고 있었다. 내가 방문할 때면 학교에서 받은 상장, 일기장, 그림을 들고 와 보여주며 칭찬을 받고 싶어 하는 눈빛을 보내는데, 그 모습을 보면 칭찬과 격려를 아끼지 않게 된다.

이곳의 아이들이 성인이 되어 퇴소하게 되면, 자연스럽게 자립지원관으로 연계될 예정이다. 그래서 자립지원관의 명절 행사나 운동회, 다양한 프로그램에 이 아이들을 초대하고 있다. 이미 자립을 잘하고 있는 언니, 오빠들과 함께 시간을 보내게 하여, 자립이 두려움이 아니라 희망과 자신감의 시작이 되기를 바라는 마음으로 준비하고 있다.

어느 날, 식사를 하던 중 초등학교 저학년의 한 친구가 말했다. "신부님, 오늘 저희 태권도 학부모 참관 수업 있어요!" 나는 "무슨 수업?" 하고 되물었고, 그 친구는 태권도 학원에서 진행하는 연례적인 학부모 참관 수업이라고 설명해주었다.

그날 오후 3시에 열린다는 말을 듣고, 나는 오후 일정을 바로 취소하고 꼭 참석하겠다고 약속했다. 그리고 그 약속대로 그날 오후 3시, 태권도장에서 그 아이를 응원하러 함께 갔다. 사진도 찍고, 아빠들이 자녀와 함께 줄넘기, 가위바위보를 하는 순서에서는 마치 진짜 아빠처럼 목숨을 걸고 최선을 다해 참여했다.

시범을 보일 때는 장판도 잡아주고 곁에서 응원도 해주었는데, 아이들의 표정이 얼마나 밝고 행복했던지, 그 모습에서 큰 보람과 위로를 느낄 수 있었다.

그동안 다른 아이들의 참관 수업이나 학부모 참여 행사에서 자신이 소외되었을지도 모를 아이에게 따뜻한 기억을 선물해줄 수 있었던 그 하루는 나 역시 결코 잊을 수 없는 날이 되었다.

속상함도 마음 깊이 꾹꾹 숨겨두고 애써 괜찮은 척 했을 너희들의 마음을 이렇게라도 채워나갈 수 있다면…

나는 그날 이후로 다짐했다.

앞으로 이 아이들의 모든 참관 수업에 꼭 참여하겠다고. 특히 아빠의 역할이 필요한 자리에는 내가 대신하겠다고.

정말 감사한 일도 있었다. 지난 성탄절, 주교님께서 직접 이곳 그룹홈을 방문해 미사를 집전해 주셨다. 성탄이라는 큰 전례에, 주교님을 모시고 싶어하는 본당이 많았을 것이다. 그럼에도 주교님께서는 가장 작고 소외된 아이들과 함께하기 위해 이곳을 선택하셨다. 아이들과 함께 웃으며 식사도 하시고, 따뜻한 말씀도 건네주셨다. 그 모습 자체가 아이들에게는 큰 위로와 축복의 시간이 되었고, 나 역시 주교님의 그 선택에서 큰 힘과 감동을 받았다. 진심으로 감사드리는 마음이다.

그리고 나 또한 이 아이들의 작은 삶에 더 많이 더 깊이 함께하겠노라고 다짐하게 되었다.

사랑은 오래참고
: 사랑을 실천하는 마음

"내가 너희를 사랑한 것처럼 너희도 서로 사랑하여라. 이것이 내가 너희에게 주는 새 계명이다." (요한 13,34)

예수님께서 제자들에게 주신 가장 큰 계명은 바로 사랑이다. 성경 곳곳에는 "이웃을 네 몸처럼 사랑하여라", "친구를 위하여 목숨을 내놓는 것보다 더 큰 사랑은 없다"는 말씀이 반복된다. 사랑이 곧 신앙의 완성이고, 하느님의 본질임을 알 수 있다.

그렇다면 우리는 어떻게 사랑을 실천해야 할까? 사랑은 사람마다 해석도 다르고 방식도 다양하다. 하지만 중요한 것은 내 생각에 따른 인간적인 사랑이 아니라, 하느님의 뜻에 맞는 사랑을 실천하는 것이다.

예수님께서는 그 물음에 대해 "내가 너희를 사랑한 것처럼"이라는 분명한 기준을 주셨다.

요한복음 13장에서 예수님께서는 이 사랑의 계명을 남기시기 전에 제자들의 발을 씻겨주신다. 스승이신 분이 무릎을 꿇고, 제자들의 발의 먼지와 더러움과 상처를 손수 씻겨주시는 장면은 단순한 겸손 이상의 의미를 지닌다.

예수님은 이렇게 말씀하신다.

"사람의 아들은 섬김을 받으러 온 것이 아니라 섬기러 왔다." (마태오 20,28)

예수님의 사랑은 '섬기는 사랑'이었다. 아무 대가를 바라지 않고, 조건을 달지 않고, 그저 상대방의 아픔을 씻겨주고 그 존재 자체를 귀하게 여기는 사랑이었다.

"사랑은 오래 참고, 친절합니다. 사랑은 시기하지 않으며, 뽐내지 않고, 교만하지 않습니다. 사랑은 무례하지 않고, 자기 이익을 추구하지 않으며, 성을 내지 않고, 앙심을 품지 않습니다. 사랑은 불의를 기뻐하지 않고, 진리와 함께 기뻐합니다. 모든 것을 덮어주고, 모든 것을 믿으며, 모든

것을 바라고, 모든 것을 견딥니다. 사랑은 결코 스러지지 않습니다." (코린토 1서 13,4-8)

내가 가장 좋아하는 성경 구절 중 하나다. 이 말씀은 섬김의 사랑을 구체적으로 실천하는 방법을 알려준다. 아이들을 대할 때, 오래 참고, 친절하게 대해야 한다. 무례하지 않고, 성내지 않고, 실수와 잘못들을 덮어주고 기다려주어야 한다. 그리고 무엇보다 아이들을 끝까지 믿고, 함께 희망을 품고, 함께 견뎌내는 것이 바로 예수님께서 보여주신 사랑의 실천이다.

매일의 기도, 매일의 성찰. 나는 매일 아침 기도하며 이렇게 청한다.

"오늘 하루, 사랑을 실천할 수 있는 마음을 주소서."

그리고 하루를 마칠 때면, 내가 오늘 생각과 말과 행동으로 섬기는 사랑을 실천했는지, 아니면 내 인간적인 기준으로 판단하며 사랑하지 못했는지 자신을 돌아본다.

사랑은 말이 아니라, 발을 씻겨주는 자세로, 상대의 상처를 함께 품는 실천으로 살아내야 하는 것이다.

chapter 2
별바라기 이야기
—
어둠에서 더욱 빛나는 별 하나

텅 빈 마음을 채우는 별바라기
: 이젠 혼자가 아니야

별바라기는 자립을 준비하는 청소년들에게 단순한 지원기관 이상의 의미를 가진다. 이곳은 경제적, 사회적 자립을 넘어, 무엇보다 정서적 자립을 삶의 중심에 두고 아이들과 함께 호흡한다.

자립을 꿈꾸는 아이들은 대부분 발달 과업이 이뤄지지 않은 채로 이곳에 도착한다. 부모와의 안정된 애착 없이 자라며 칭찬과 위로를 받아본 경험이 없고, 누군가로부터 지속적으로 지지받은 기억도 없다.

별바라기의 사례관리자는 그런 아이들에게 '늦게라도 채워주는 엄마의 마음'으로 다가간다. 단순히 상담하고 일정을 관리하는 사람이 아니라, 함께 밥을 짓고 반찬을 나르며, 냉장고를 정리하고 청소까지 함께하는 존재다. 정기적으로 주거 공간을 방문하여 집 안 상태를 살피고, 직접 장을 봐주기도 하며, 식사를 챙기고, 무너진 일상을 함께 다시 세운다. 이를 통해 아이가 '나를 지켜보는 어른이 있다'는 믿음을 가지게 되는 순간부터 자립은 시작된다.

별바라기는 아이가 병원을 갈 땐 동행하고, 정신건강 치료가 필요하면 지원을 연결해준다. 아침에 일어나는 것조차 힘겨운 아이에겐 알람보다 먼저 전화로 깨워주고, 근무처에서 부당한 대우를 받으면 바로 찾아가 조정에 나선다. 아이가 울면서 "왜 나만 이래요"라고 물을 때, 아무 말 없이 옆에 앉아 있어주며, 그 감정을 함께 버텨주는 것. 그것이 별바라기의 진짜 역할이다.

하루의 업무를 마치고 사무실에 돌아오면 사례관리자들의 책상엔 가득찬 행정 서류가 기다리고 있다. 늦은 퇴근과 반복되는 야근, 주말에도 이어지는 업무 속에서도 별바라기의 직원들은 이 일의 본질을 잊지 않는다.

"한 아이가 무너지지 않도록 붙잡아주는 것, 그게 우리가 할 일이다."

별바라기는 한 아이가 자립의 문턱에 선 그 순간부터, '나 혼자가 아니다'라는 감정을 심어준다. 결국 이곳은 아이들에게 선택지를 만들어주는 공간이다. 포기 대신 도전, 불안 대신 희망, 고립 대신 관계를 선택할 수 있게 한다. 그렇게 별바라기는 오늘도 한 아이의 방문을 두드린다.

"네가 잘할 때까지 기다릴게" 말할 준비를 하며.

어둠을 밝히는 별바라기
: 더이상 길을 잃지 않도록

별바라기는 단순히 청소년들의 자립만 지원해주는 기관이 아니다. 때로는 아이들의 생명을 지켜주는 최후의 버팀목이 되고 있다.

어느 날, 스물한 살의 한 청년이 갑작스럽게 고압산소치료가 필요한 상태로 병원에 입원하게 되었다. 치료는 72시간 동안 지속되어야 했고, 병원 규정상 환자 곁에 간병인이 상시 배석해야만 입원이 가능하다고 했다. 그러나 이 청년에게는 간병을 맡아줄 가족이 아무도 없었다.

"제가 신부입니다. 근처에 살고 있으니 무슨 일 생기면 바로 오겠습니다"라고 설명했지만, 병원 측은 단호하게 "무조건 옆에 있어야 한다"고 했다. 결국 별바라기의 선생님들이 교대로 밤을 새며 간병을 서게 되었다. 한 명이 간이침대에 앉아 밤을 새고, 다른 이가 교대를 하며, 예정에도 없던 간병 일정을 소화해냈다.

그 밤, 아이가 잠들어 있는 옆에서 선생님들은 숨소리를 확인하며 조심스레 간병했다. 아침이면 피곤한 얼굴에도 "괜찮다"며 웃어주었다.

이 일을 겪으며 문득 마음속에 떠오른 질문이 있었다.

"이 아이에게 별바라기가 없었다면 어떻게 되었을까?"

현행 복지 체계에서 가족이 없는 자립청소년이 긴급하게 병원에 입원하게 되었을 때, 그 곁을 지켜줄 수 있는 유일한 존재는 자립지원관이었다. 이 구조 속에서 별바라기는 단지 '시설'이 아닌, 위기의 순간에 생명을 살리는 최전선에 서 있는 공동체였다.

선생님들은 단순한 행정업무를 넘어서, 누군가의 보호자이자 간병인, 상담자, 가족의 역할까지 수행했다. 아이가 고통 속에서 깨어날 때 그 손을 잡아주었고, 아무 말 없이 곁을 지켜주는 일이 얼마나 큰 의미인지 몸소 보여주었다.

간병을 마친 뒤에도 피로한 얼굴로 "옆에 있어줄 수 있어서 다행이다"라고 말하는 선생님들의 모습에서 진심을 느꼈다. 그 헌신은 직무를 넘어선 동반자 정신이었다.

이 사건을 계기로 다시금 깨달았다. 별바라기 자립지원관이 없었더라면, 얼마나 많은 자립청소년들이 위기 앞에서 무너졌을지를. 병원 입원조차 보호자가 없어 거절당하는 현실 속에서 별바라기는 이들에게 가족 그 이상의 존재가 되어주었다.

신부로서, 자립지원 현장을 지켜보는 사람으로서 나는 별바라기 선생님들에게 깊은 감사를 전했다. 그들의 진심과 희생, 실천적인 사랑이 있었기에 오늘도 또 한 명의 자립청소년이 살아갈 수 있게 되었다.

별바라기는 말 그대로 길 잃은 아이들이 다시 방향을 찾을 수 있도록 하늘의 별처럼 빛이 되어주는 곳이었다. 그리고 그 빛은 오늘도 누군가의 캄캄한 삶을 비추는 등불이 되어주고 있었다.

청소년 인권의 최전선, 별바라기
: 존엄의 회복을 위해

자립지원관인 별바라기는 청소년들의 자립 훈련이 일정 수준에 이르면, LH 주거취약계층 지원사업과 연계해 안정적인 주거 환경을 제공한다. 이 사업은 2년 단위, 최대 30년까지 거주 가능한 구조로, 청소년들이 월 10만 원 안팎의 금액으로 자신만의 공간을 가질 수 있도록 돕는다. 평생을 보호시설이나 불안정한 가정환경 속에서 살아온 아이들에게 '자기 집'이 생긴다는 사실은 상상조차 하기 어려운 기적 같은 일이다.

이들은 대부분 다인실에서 사생활 없이 지냈거나, 집이라는 공간을 폭력과 공포의 장소로 기억하는 경우가 많다. 그들에게 '혼자만의 공간', '안전하고 보호받는 공간'은 오랫동안 마음속 깊이 품어왔던 소망이자 인권이었다. 별바라기는 이 욕구를 단지 '공감'하는 데서 그치지 않고, 실제로 '가능하게' 만들어준다.

아이들에게 깔끔한 풀옵션 오피스텔의 주거지를 직접 보여주며 "열심히 훈련을 이수하면 너만의 공간이 생길 수 있다"고 말해주는 순간, 이들에게는 처음으로 삶의 동력이 생긴다. 그동안 무기력하고 체념했던 아이들이 '주거'를 목표로 삼고 자립 훈련에 적극적으로 임하기 시작한다.

일자리도 마찬가지다. 과거 같았으면 기분이 나쁘다는 이유로 바로 포기했을 일이, 월세를 감당하기 위해 한 번 더 참고, 지혜롭게 문제를 해결해 보려는 태도로 바뀐다. 아침에 일어나 씻고 출근하라는 말에 반응조차 없던 아이가, 이제는 스스로 알람을 맞추고 단정히 출근 준비를 한다. 삶에 대한 시선도 바뀐다. 우울과 분노, 자포자기에서 벗어나, 작은 희망과 책임의식을 갖게 되는 것이다.

이 모든 변화는 단지 집 한 채에서 비롯된 것이 아니다.

그것은 '믿어주는 어른'과 '내가 머물 수 있는 곳'이 있다는 것에서 비롯된 삶의 회복이다. 주거 지원은 단순히 공간을 마련하는 것이 아니라, 청소년들이 인생을 다시 설계할 수 있는 근거를 만들어준다. 별바라기는 이 근거를 조심스럽고도 따뜻하게, 한 명 한 명의 삶에 심고 있다.

아이들이 왜 스스로를 다치게 했는가
: 공감의 부재

자립지원관에 처음 입소하는 청소년들 중에는 자해 경험이 있는 아이들을 적지 않게 마주하게 된다. 어떤 아이들은 자신의 몸에 피가 날 때까지 긁거나, 칼로 피부를 그어 상처를 입히곤 했다. 심각한 경우에는 병원에 긴급 입원을 하고, 수술과 간병까지 이어지는 일도 있었다.

도대체 무엇 때문에 이 어린 친구들이 자신의 몸을 스스로 해치는 것일까. 자해는 분명 고통스러울 텐데, 얼마나 더 큰 고통이 이들에게 있었기에 그 날카로운 도구를 자신의 몸에 향하게 했을까. 처음에는 이해할 수 없었다.

하지만 이들과 함께 생활하고, 매일을 함께 보내며 서서히 깨닫게 되었다. 이들의 몸을 해치는 행동 뒤에는 도저히 견딜 수 없는 정신적인 고통이 있었다. 과거의 상처와 충격, 트라우마가 갑자기 머릿속을 덮칠 때, 그 감정은 감당할 수 없을 만큼 거셌고, 그 고통에서 벗어나기 위해 신체적인 통증을 통해 잠시나마 정신적인 고통을 덮으려는 몸부림이었다.

이 아이들에게는 그 고통을 함께 짊어져줄 한 사람이 없었다. 마음을 털어놓을 곳도, 공감해줄 사람도 없었다. 결국 아무도 들어주지 않는 고통은, 칼날을 향해 가는 손끝으로 표현될 수밖에 없었다.

별바라기 자립지원관에서는 이들의 고통을 결코 외면하지 않았다. 새벽이든, 아침이든 아이들이 고통에 휩싸여 전화를 걸어오면, 선생님들은 근무시간과 관계없이 응답했다. 누군가가 악몽의 시간에 함께 있어준다는 사실, 그건 이들에게 말로 다할 수 없는 큰 위안이었다.

별바라기의 노력은 분명한 변화를 만들어냈다. 시간이 지날수록 아이들의 자해 빈도는 줄어들었고, 서서히 자신을 아끼는 법을 배워가기 시작했다. "나는 소중한 사람이다"라는 감정은 누군가가 내 고통을 들어주고, 함께 울어줄 때 비로소 자라날 수 있었다.

결국 이들에게 필요한 것은 단 한 사람이다. 자기 이야기를 들어줄 사람, 고통을 공감해줄 단 한 사람이 있으면 된다.

별바라기는 그 단 한 사람이 되어주고 있었다.

주거권은 권리이다. 그러나 많은 청소년들은 그 당연한 권리를 누려보지 못한 채 살아왔다. 별바라기는 그 권리를 회복시켜주는, 청소년 인권의 최전선에 있는 기관이다. 그래서 별바라기의 주거지원은 단지 복지가 아니라 '존엄의 회복'이다. 그리고 그 존엄이 회복될 때, 아이들은 처음으로 스스로를 사랑할 수 있게 된다.

자해라는 절망의 언어로 자신을 표현했던 청소년들에게, 이제는 자기 자신을 사랑할 수 있는 새로운 언어를 알려주고 있었다.

청소년들이 경험하는 가장 큰 어려움
: 어떤 순간에도 함께할 우리

청소년자립지원관에서는 자립의 다양한 영역을 기반으로 한 자립교육을 실시하고 있다. 이는 청소년이 사회에 나가 스스로 삶을 꾸려가기 위한 실전 교육이자, 생존을 위한 준비였다. 그러나 이 모든 과정은 청소년 입장에서는 벅찬 과제로 느껴질 수밖에 없었다.

1. 자립의 현실, 그리고 마음의 무게

실제로 자립이라는 과정은 이론이 아닌 현실이며, 냉혹한 사회 속에서 스스로를 지켜내야 하는 문제였기에, 우리는 때로는 청소년들을 다독이고, 때로는 엄하게 경계하며 자립의 중요성과 엄중함을 끊임없이 상기시켰다.

그러나 이 과정에서 가장 큰 걸림돌은 청소년들이 통제

할 수 없는 자기 자신과 마주하게 된다는 점이었다. 선생님들과의 상담에서 스스로 변화하겠다는 다짐을 하였고, 실제로 노력하려 했음에도 불구하고, 갑작스러운 감정 기복이나 충동적인 행동, 스스로도 이해할 수 없는 심리적 변화에 고통을 호소하는 경우가 많았다.

그 근본적인 원인은 반복해서 이야기해온 심리적·정서적 문제, 정신질환, 그리고 과거의 트라우마였다. 이들은 자립이라는 무대 위에 서기 전에는 자신이 다 해낼 수 있을 것이라 믿었지만, 막상 실전에서는 그렇게 되지 않는 자신을 보며 자책하고 절망에 빠지곤 했다.

2. 자립의 그늘, 외로움과 트라우마

어제까지 밝게 웃으며 성실히 출근하던 청소년이, 다음 날 갑자기 연락이 두절되고 출근하지 않는 일이 종종 발생했다. 2~3일간 연락이 닿지 않으면 사례관리자들은 직접 청소년의 집으로 출동했다.

도착한 집은 적막했다. 문을 두드려도 아무런 인기척이 없었고, 유일하게 반응하는 것은 청소년이 키우는 반려견의 짖음뿐이었다. 결국 소방대와 경찰을 호출해 문을 강제로 열고 들어가게 되었다.

그 안에서 발견된 청소년은 며칠간 시간을 잊은 채 침대에 누워 있었다. 확인해 보니, 밤에 잠들기 전 갑자기 과거 가정에서 겪은 악몽 같은 기억들이 떠오르며 극심한 고통이 몰려왔고, 이를 견디기 위해 수면제를 10알 이상 복용하고 잠에 빠졌던 것이었다.

병원으로 데려가 입원 심사를 받는 동안, 이미 일자리에서는 며칠째 무단결근으로 인해 퇴사 처리되었고, 청소년은 다시 생계와 건강을 잃은 상태에서 자립 과업을 처음부터 다시 시작해야 하는 상황이 되었다. 이런 사례는 비단 한 명의 이야기만은 아니었다.

3. 예고 없이 찾아오는 위기, 트라우마

청소년들은 분명 성실하게 자립 과업을 수행하고 있었다. 그러나 언제든 과거의 상처가 불쑥 떠오르면, 중증 우울감, 무기력감, 과잉 충동 등으로 인해 자립을 지속할 수 없는 상태에 빠지곤 했다. 아무런 예고 없이 찾아오는 트라우마는 자립의 모든 기반을 무너뜨릴 수 있었다.

또 하나의 큰 문제는 고독감과 외로움이었다. 자립생활을 시작하면 혼자 집을 관리하고, 스스로 생계를 책임져야 한다. 어느 날 퇴근 후 조용한 집에 돌아왔을 때, 아무도 없는 공간에서 마주한 외로움은 상상 이상으로 깊고 무거웠다.

힘든 마음을 나눌 대상이 없다는 현실은 이들의 우울감을 더욱 증폭시켰다. 어떤 청소년은 아무것도 할 의욕이 없어져 끼니를 거르고, 침대에 누운 채 며칠을 보내곤 했다. 배가 고파 간신히 배달 음식을 시켜 먹더라도, 치울 힘이 없어 쓰레기를 방치한 채 잠들었다. 시간이 지나면서 집은 점점 어지럽혀졌고, 치울 수 있는 의욕조차 잃어갔다.

4. 고독의 끝에서 만난 단 한 사람

이럴 때 많은 청소년들은 누군가를 찾는다. 특히 편견 없이 자신을 받아주고, 이해해주는 존재, 바로 자립지원관의 선생님들을 찾게 된다. 연락을 계속 보내고, 전화를 걸고, 자신의 고통을 어떻게든 털어놓고자 한다.

우리는 그 이유를 알고 있었다. 이들은 자신을 판단하지 않고, 그저 이야기를 들어줄 단 한 사람을 찾고 있었던 것이다. 그래서 우리는 근무시간이 아니더라도, 가능한 모든 시간에 이들의 전화에 응답하려 노력했다. 고통의 순간에 함께 있어주는 것, 그것이 별바라기의 역할이자 존재 이유였다.

5. 자립은 단순한 기술이 아닌, 관계의 회복

자립은 단지 요리를 배우고, 돈을 벌고, 청소하는 기술을 익히는 것이 아니었다. 자신의 삶을 사랑할 수 있도록, 상처를 안고서도 다시 살아갈 수 있도록 돕는 관계의 회복이었다.

별바라기의 진짜 과업은 청소년들이 자기 자신을 믿게 하고, 다시 시작할 수 있다는 희망을 품게 하는 일이다. 이 여정은 오래 걸릴 수 있다. 때로는 되돌아가기도 한다. 그러나 그 길 위에서 함께 걸어주는 단 한 사람이 있다면, 다시 앞으로 나아갈 수 있다는 것을 우리는 믿고 있다.

한걸음 더 이해하기
: 청소년 자립지원을 위한 핵심 진단

청소년자립지원관에서는 자립을 위한 기본 조건들을 점검하고, 각 개인의 특성과 상황에 맞는 맞춤형 지원을 실시한다. 그 중심에는 다음의 세 가지 핵심 진단과 지원 영역이 있었다.

1. 심리·정서적 자립 진단
- 자립의 바탕을 다지는 회복과 치유

첫 번째로는 자립의 기반이 되는 심리·정서적 자립 진단과 지원이었다. 이를 위해 다양한 심리검사 도구를 활용하여 청소년 개개인이 지닌 우울증, 불안, 외상 후 스트레스 장애(PTSD), 분노조절 문제 등 정신질환 관련 문제를 확인하고, 필요시 의료기관과 연계하여 치료를 병행하도록 하였다.

이러한 문제들은 자립 과업의 수행에 있어 가장 큰 저해 요인이 되었으며, 트라우마가 반복적으로 자립의 흐름을 끊는 주요 원인으로 작용하였다. 스스로 다짐하고 변화하려 했던 청소년들도, 어느 날 갑작스레 찾아오는 악몽, 해소되지 않은 분노, 무기력감 속에서 심한 자괴감과 포기감을 경험하였다. 이때는 생계든, 진로든 세상의 모든 것이 무의미하게 느껴지는 심리적 마비 상태에 빠지기도 하였다.

이러한 현실에 대응하기 위해 자립지원관에서는 의료적 치료, 상담치료, 신체활동 기반 정서지원(등산, 마라톤 등), 문화체험 활동을 병행 지원하였고, 많은 예산과 인력을 이 영역에 집중하였다. 중요한 것은 문제를 '없애는 것'이 아니라, 문제와 함께 살아가는 법을 배우고 관리하는 자기 역량을 기르는 일이었다.

2. 경제적 자립 진단
- 근로역량과 생계 유지 능력의 확인

두 번째 진단은 경제적 자립 능력이 있는지의 여부였다. 자립의 가장 기초적인 생존 영역이 생계이기 때문에, 스스로 생계비를 마련할 수 있는 능력이 있는지 확인하는 것은 매우 중요했다.

실제로 자립지원관의 청소년들 중 절반 이상은 단기 아르바이트, 일용직, 배달과 같은 불안정하고 일시적인 일자리에 종사하고 있었다. 이에 안정적이고 장기적으로 일할 수 있는 근로 적응 능력을 키우는 것을 최우선 과제로 삼았다.

이를 위해 기초 근로역량 진단을 실시하였으며, 역량이 부족한 청소년들은 자립지원관에서 운영하는 자활작업장을 통해 기본 훈련을 받았다. 자활작업장에서는 예절, 언어 습관, 복장, 업무 수행 태도, 고객 응대, 감정 조절, 시간 관리, 책임감, 금연 등 실질적인 직장 적응 교육을 진행하였다. 이는 단지 근로 기술을 넘어서 사회적 기본기와 생활 습관 형성을 위한 중요한 단계였다.

3. 공동체적 자립 진단
- 고립을 넘어 연대와 회복으로

세 번째는 자립 이후 필연적으로 따라오는 고독감과 외로움을 해소하기 위한 공동체적 지원이었다. 많은 청소년들이 홀로 살아가면서 정서적 공백을 가장 크게 느꼈으며,

자립과정 중 발생하는 우울감이나 무기력의 이면에는 고립감이 자리 잡고 있었다.

이에 자립지원관에서는 청소년들에게 가족과 같은 소속감을 제공하는 공동체 형성에 중점을 두었다. 명절마다 자립 선배들을 초청해 식사를 함께하고, 레크리에이션을 진행하였으며, 체육대회, 동호회 활동, 독서모임, 봉사활동, 예방교육 등의 다양한 프로그램을 통해 관계를 맺고 이어갈 수 있는 장을 마련하였다.

이는 단순한 친목을 넘어, 자립과정을 함께하는 또래들이 존재한다는 사실을 인식시키고, 스스로도 후배 청소년의 멘토가 되어주는 '순환적 돌봄 구조'를 만드는 데 큰 역할을 하였다. 공동체 속에서 청소년들은 정서적 안정감과 자기효능감을 얻을 수 있었고, 타인을 챙기고 돌보는 경험을 통해 공감능력과 책임감도 함께 성장해갔다.

청소년들의 자립은 단순히 혼자 살아가는 방법을 익히는 것이 아니라, 삶을 지속할 수 있는 내적 힘과 관계 속의 회복을 이루는 총체적 과정이었다. 경제적 기반, 심리·정서적 회복, 그리고 공동체적 지지는 세 축이 되어 청소년의 자립 여정을 함께 지탱해주었다.

자립은 '기술'이 아니라, 결국 사람과 사람 사이에서 형성되는 믿음과 관계로 완성되는 것임을 현장은 끊임없이 증명하고 있었다.

* * *

아이들의 진짜 이야기를 만나기 전, 청소년 자립지원을 위한 핵심 진단을 짚어본 이유는 아이들의 상황을 보다 현실적으로 이해하고, 그들이 자신의 삶을 스스로 일으켜 세울 수 있도록 우리가 해야 할 현실적 대안의 필요성을 알리기 위함이다.

당연한 순간들 조차 고통의 시간으로 보낸 자립청소년들의 상처는 깊고, 이를 치료하지 않으면 앞으로 나아갈 수 없다. 하지만 이런 아이들의 상황을 이해하고 도움의 손길을 먼저 내밀어 주는 어른들이 있다면 아직은 심폐소생의 기회가 남아 있다. 우리가 포기하지 않는다면, 이 아이들은 다시 한 번 세상에 발을 내딛을 용기를 얻을 것이다.

힘겹게 되찾은 너희의 웃음이 쉽게 사라지지 않도록,
다시 세상을 향해 내딛은 너희의 발걸음이 계속 이어지길,
늘 너희의 곁에 우리가 있음을 기억해주길 바란다.

chapter 3
심리·정서적 자립

—

회복과 변화의 시작

자립의 시작이자 중심
: 정신과 마음의 안정

자립 교육에는 보통 경제적 자립, 사회적 자립, 정서적 자립의 세 가지 축이 있다. 이 중에서 무엇이 가장 중요한가를 묻는다면, 우리는 주저 없이 정서적 자립이라고 말한다. 왜냐하면 정신과 마음의 안정 없이는, 혼자 살아가야 하는 현실의 외로움과 고독, 쓸쓸함을 견딜 수 없기 때문이다. 스스로의 내면을 지탱할 힘이 없으면, 아무리 좋은 일자리를 구해도, 아무리 안정된 주거를 마련해도, 결국 삶은 쉽게 무너진다.

우리가 만나는 자립준비청소년들 중 많은 이들은 이미 다양한 정신과적 어려움을 안고 있다. 우울, 불안, 조현, 경계성 장애, 자해 충동 등 낯설지 않은 단어들이 그들의 삶을 둘러싸고 있다. 누군가는 이렇게 물을지도 모른다. "왜 이렇게 어린 나이에 벌써 이런 병을 가지게 되었을까?"

그러나 그들의 어린 시절을 들여다보면, 이해라는 말조차 미안해질 만큼 고된 삶이 자리하고 있다. 학대와 방임, 가정폭력, 위협과 불안 속에서 사랑 한 줌 받지 못하고 자라난 아이들. 그런 환경에서도 하루하루를 살아내며 버텨온 그 아이들이 지금 이 자리까지 온 것만으로도, 우리는 감사한 마음이 든다.

그래서 자립지원관에서의 모든 훈련은 '진단과 치료'가 먼저이고, '정서 회복'이 핵심이다. 외로움을 나눌 사람이 있고, 아픔을 알아주는 눈빛이 있고, 끝까지 함께하겠다는 따뜻한 손이 있어야 그제야 자립이라는 길이 열린다. 경제도, 진로도, 일상도, 모두 그다음 이야기다.

자립은 결국, 외로움 속에서 자신을 지켜낼 수 있는 마음의 힘에서 시작된다.

나는 할 수 있다는 믿음
: 실패해도 일어설 수 있는 힘

우리가 흔히 간과하는 한 가지가 있다. 누구나 자연스럽게 부모에게 배우며 자라는 것처럼 보이지만, 사실은 그 '자연스러움'조차 누군가의 헌신 없이는 불가능하다는 사실이다.

자립준비청소년들에게 가장 절실한 것은 바로 자기효능감과 회복탄력성이다. 이 두 가지는 어릴 적 부모의 손을 잡고 한 걸음씩 성장해오며 형성되는 것이다. 유아기에 엄마의 응원 속에 혼자서 신발을 신어보고, 학령기엔 아빠의 격려 속에 실수를 딛고 다시 해보는 과정을 통해 아이는 "나는 할 수 있다"는 믿음을 얻는다. 실패가 무섭지 않게 되고, 슬픔이 와도 다시 일어설 힘이 생긴다.

하지만 이 친구들은 그 과정을 통째로 놓친 채 성장해왔다. 언어 발달이 늦고, 사람들 앞에서 말할 때 더듬거나 위축된다. 단 한 번도 따뜻하게 "잘했어"라고 말해준 어른이 없었기에 칭찬도 믿지 못한다. 항상 스스로를 다른 사람과 비교하며, "나는 안 돼"라는 마음이 깊게 자리 잡는다. 어떤 도전 앞에서도 포기부터 떠오르는 건, 실패보다 회복이 더 어려웠기 때문이다.

늦었다고 생각할 수 있지만, 결코 늦지 않은 시간 속에서 우리는 하루하루의 작은 성취를 격려하고, 넘어진 날에는 그 손을 잡아 일으킨다. 함께 장을 보고, 병원이나 은행에도 동행하며, 때로는 비 오는 날 학교에 데리러 가기도 한다. 요리를 하고, 어질러진 방을 정리해 나가며 '엄마처럼' 곁에 서 있는 것이다. 그러던 어느 날, 아이가 혼잣말처럼 말할 때가 있다.

"신부님, 저 이제 혼자서 병원에 갈 수 있을 것 같아요."
"이젠 혼자 요리도 해 먹어요."
"무슨 일이든 혼자서도 해낼 수 있을 것 같아요."

그 말 한마디, 한마디가 우리에게는 가장 큰 성과이자 보람이다. 그 말은 이 아이가 자기 삶의 주인이 되었다는 증거이기 때문이다.

누군가 자신을 믿어준 만큼, 아이는 스스로를 믿게 되고, 삶의 고비마다 다시 일어서는 법을 배워간다.

부모의 빈자리를 온전히 대신할 순 없지만, 우리가 그 곁을 오래 지켜줄 수는 있다. 그리고 그 지지 속에서 이 아이들은 언젠가 자신만의 목소리로 말할 것이다.

"나는 할 수 있어요. 나, 괜찮은 사람이에요."

정서·심리 회복을 위한 작은 실천
: 가장 쉽고 효과적인 방법, 달리기

아이들을 지도하면서 늘 가장 크게 걱정되는 부분은 정신적·심리적인 어려움이었다. 특히 인생의 방향과 진로가 결정되는 19세에서 24세 사이의 시기. 누군가는 대학에 다니며 꿈을 준비하고, 취업에 도전하며 인생의 방향을 정립할 때, 자립준비청소년들은 여전히 유년기의 상처를 치유하느라 그 소중한 시간을 소모하고 있는 경우가 많았다. 병원비, 상담비, 약값까지 적지 않은 비용이 들고, 무엇보다도 그 시간은 되돌릴 수 없는 청춘의 시간이었다.

그래서 늘 고민했다.

"이 아이들에게 가장 효과적이고, 지속 가능한 회복 방법은 무엇일까?"

수많은 상담사와 병원, 약물치료 등을 시도해 보았지만 확실한 변화를 보기는 쉽지 않았다. 그러던 어느 날, 정신의학 강의를 듣던 중 한 교수님의 말씀이 귀에 들어왔다.

"우울 회복에 가장 효과적인 방법은 바로 달리기입니다."

처음에는 반신반의했다. 그토록 단순한 방법이 과연 효과가 있을까 의심도 들었다. 하지만 자료를 찾아보며 달리기를 통해 분비되는 호르몬이 항우울제보다 10배 이상의 효과를 낼 수 있다는 과학적 설명을 확인하고는 '직접 해보자'는 결심을 하게 되었다.

우선 심리적 어려움을 겪고 있던 두 명의 여자 청소년과 함께 작은 실험을 시작했다. 500m, 1km, 1.5km… 짧은 거리부터 천천히 달렸다. 처음엔 숨이 차고 힘들어했지만, 점점 체력이 붙고 의욕이 생기면서 3km, 5km를 뛰게 되었고, 결국 10km 마라톤 대회에 참가해 완주하게 되었다.

무엇보다 표정이 달라졌다. 스스로를 자랑스럽게 여기는 모습, 뿌듯한 미소, 삶의 활력을 되찾은 듯한 눈빛이 생겼다. 자존감, 성취감, 일상의 리듬과 에너지까지 확연히 달라졌다.

그때 생각했다.

"이렇게 좋은 방법을 왜 진작 시작하지 않았을까."

지금은 자발적인 참여로 구성된 달리기 동호회가 운영되고 있다. 아이들은 자신이 달린 거리와 동선을 인증하고, 서로 격려하며 정기적으로 만나 함께 달리고, 대회에 나가 5km, 10km의 성취를 함께 축하한다. 작은 간식과 선물도 준비해 나누고, 몸이 달라지고 마음이 나아지는 '작지만 확실한 변화'를 매일 실감하고 있다.

이제는 달리기를 넘어서 달리기 장학금, 치료 프로그램, 성과 기반 물품 지원제도를 구상하고 있다. 세상에서 달리기를 가장 싫어하는 아이조차 "그 신발 한 번 받아보자"는 마음으로라도 시작할 수 있도록 만들고 있다.

몇 년에 걸친 정신과 치료보다 비용 대비 효과가 훨씬 뛰어났고, 무엇보다 지속 가능하며 자립에 큰 도움이 되었다. 지금은 달리기가 단순한 운동을 넘어서 아이들의 정서 회복과 자립의 주요 도구가 되었다.

이 경험을 바탕으로 등산, 체육학원, 헬스 PT, 크로스핏 등 다양한 체육 활동을 지원하고 있으며, 실제 체험을 통해 신체활동이 우울증 치료에 탁월한 효과가 있음을 확인할 수 있었다. 아이들은 이 활동을 통해 자기효능감과 인내심, 자신감을 회복했고, 약물로도 해결되지 않던 우울과 불안이 호전되는 사례들이 하나둘씩 나타났다.

그러나 한 가지 현실적인 한계가 있다. 이 프로그램은 의학적·뇌과학적으로 입증된 치료법임에도 정부 보조금 체계에서는 '치료 목적'으로 인정하지 않는다. 그 결과, 우리는 지금도 후원금에 전적으로 의존해 프로그램을 운영하고 있다. 가장 효과적인 치료법임에도 제도권에서는 이를 외면하고 있는 실정이다.

그럼에도 불구하고 우리는 매일 확인한다. 아이들이 건강해지고 있다는 사실을. 그래서 확신한다. 이 운동 기반의 회복 프로그램은 단순한 신체활동이 아니라, 삶을 회복시키고, 자립을 돕는 치유의 시작이라는 것을.

숨이 목 끝까지 차올라도, 비오듯 땀이 흘러도, 무거워진 다리가
주저 앉으려 해도 앞으로, 앞으로 달려간다.
너희의 삶도 그렇게 달리다 보면 어둠과 아픔이라는 결승선을
통과해 밝고 희망찬 삶을 살게 되리라 믿는다.

chapter3. 심리·정서적 자립

따뜻한 어른의 존재
: 마음으로 동반해 준다면
 아이들은 반드시 달라진다

많은 청소년들을 만나는 현장에서 몇몇 아이들은 유독 인내심이 부족해 보였다. 생계비가 급한 상황에서도 일하다가 조금이라도 감정이 상하거나 상처되는 말을 들으면 즉시 일을 그만두었다. 그 결과 생활비가 끊기고 또 다른 생존의 위기에 직면하게 되는 것이다. 이들은 종종 어른들에게 "예의 없는 아이", "부모에게 못 배운 아이", "그것도 못 참는 아이"라는 말들을 들으며 자존감에 큰 상처를 입어왔다. 그렇게 어른에 대한 불신과 세상에 대한 분노만 더해갔다.

나 역시 처음에는 이들을 어떻게 동반하고 사례관리해야 할지 막막했다. 자립을 위해서는 일자리를 유지해야 하는데, 이들은 어느 곳에서도 오래 버티지 못했다. 갈수록 자존감이 무너지고, 분노는 커지고, 자립의지는 점점 사라져

갔다. 솔직히 처음엔 이 아이들의 성격이 게으르고 나태하고, 반항적이어서 그런 거라 생각했다. 하지만 심리학, 상담, 아동발달, 정신의학 등을 공부하면서, 그 생각이 나의 무지에서 비롯된 오만한 판단이었다는 것을 깨달았다.

이들이 인내심이 없고 감정 조절을 못하고 쉽게 포기하는 이유는 단 하나였다. 어릴 적 부모와 함께 해야 할 '발달 과업'이 제대로 이뤄지지 않았기 때문이다. 부모로부터 무조건적인 사랑과 안정감을 받지 못하고 성장했기에, 세상의 어른들은 그들에게 늘 두려움과 평가의 대상이었다. 그들은 진심으로 자신을 지지해주는 어른을 단 한 명도 만나지 못한 것이다.

나는 그때부터 이론을 실천으로 옮기기로 마음먹었다. 아이들과 면담하며 약속을 했다. 현재 하고 있는 일을 3개월 유지하면 장학금을 주겠다고 했다. 참았다는 그 자체만으로도 큰 칭찬이기 때문이었다. 그리고 만약 도저히 그만두고 싶을 만큼 힘이 들면, 행동으로 옮기기 전에 꼭 나에게 전화 한 번은 주기로 약속을 하였다.

한 번은 공장에서 기계 기술을 배우고 있던 한 친구가 한 달 정도 일하다가 도저히 힘들다며 전화를 해왔다. 나는

"전화해줘서 고맙다"고 말한 뒤, "오늘 저녁에 공장에 함께 가서 일해보자. 그 후에 그만둘지 결정하자"고 했다. 실제로 가보니 드럼통 수십 개 분량의 금속 재료를 혼자 옮기고 가공하느라 피로에 지쳐있었다. 4시간 함께 일해보니 내 허리는 이미 무리가 왔다.

나는 즉시 그에게 일을 그만두라고 권했다. 마음이 너무 힘든 데다, 건강을 해치면서까지 일을 계속할 필요는 없다고 말했다. 더 나은 일자리를 연결해주겠다고도 덧붙였다. 그러자 그는 "신부님 때문에 지금까지 버텼어요"라고 고백했고, 나는 "정말 고맙고, 미안하다"고 말하며 그를 안아주었다. 이후 그는 자신의 적성에 맞는 직장을 찾아 하루하루 보람을 느끼며 성실하게 일하고 있다.

또 한 번은 새벽 3시, 편의점에서 일하는 친구에게서 전화가 왔다. 울면서 너무 힘들고 머리가 아프다고 했다. 낮잠도 자지 않고 야간 근무를 나간 탓이었다. 처음엔 잔소리하며 전화를 끊었지만, 곧 나도 신학교 시절 힘들 때마다 위로를 받았던 기억이 떠올랐다. 나는 다시 옷을 입고 편의점으로 향했다. 아이는 울고 있었고, 나는 미안한 마음에 "내가 대신 근무하겠다"고 말하며 편의점 조끼를 입었다. 아이는 믿기지 않는 눈빛으로 나를 보며 정말이냐고 몇 번이나 물어보았다. 나는 얼른 들어가서 쉬라고 하고, 다음에는 꼭 미리 준비해서 나오라고 당부했다. 그 친구는 고맙다는 인사를 여러 번 하면서 포스기 사용법과 담배 판매 요령까지 친절히 알려주었다.

 그날 이후 몇 번 더 다른 친구들의 요청으로 새벽 근무를 대신 서게 되었다. 어느새 나는 '편의점 알바를 가장 잘하는 신부'가 되어 있었다. 하지만 가장 중요한 변화는 아이들의 마음가짐이었다. 내가 가장 힘들 때 대신 근무를 서줄 정도로 나를 생각하고 사랑하는 누군가가 있다는 사실이 이들에게 큰 위로가 되었고, 인내심과 책임감을 키우는 계기가 되었다. 무엇보다 나에 대한 신뢰가 생기자, 아이들은 내 말이면 아주 순종적으로 따르기 시작했다. 그리고 신부님이 믿는 하느님이 어떤 분인지에 대해 묻기 시작하였다.

 나는 이제 확신한다. 이 아이들에게 필요한 것은 꾸짖음이나 훈계가 아닌, 끝까지 곁을 지켜주는 사랑을 지닌 어른의 존재다. 사람의 마음을 변화시키는 힘은 사랑이다. 내가 부모가 되어줄 수는 없지만, 그 마음으로 동반해준다면 이 아이들도 반드시 달라진다. 사랑은 말이 아니라 실천이라는 것을, 나는 이 아이들과의 동행을 통해 배우고 있다.

"아이들을 사랑하는 것만으로는 안 됩니다. 아이들이 자신이 사랑받고 있다는 것을 느끼게 해야 합니다."
- 성 요한 보스코 (Don Bosco)

이 말씀은 내가 가장 좋아하는 가톨릭 성인이자 청소년들의 아버지이신 성 요한 보스코 신부님께서 강조한 교육 철학의 핵심이다. 이는 단순히 사랑하는 마음만으로는 충분하지 않으며, 아이들이 직접적으로 그 사랑을 느끼고 체험할 수 있어야 진정한 변화가 이루어진다는 의미를 담고 있다. 그리고 나는 현장에서 이분의 말씀을 깊이 체험하고 있다.

첫 번째 별 이야기, 해성
: 눈빛 속 생명을 되찾은 아이

해성이가 자립지원관에 입소한 지도 어느덧 4~5년이 지났다. 그동안 그는 자립 교육과 훈련 과정을 성실히 수행했고, 현재는 자기 집을 마련해 안정적인 직장을 다니며 건강한 일상을 살아가고 있다.

뿐만 아니라, 자신처럼 자립을 준비하는 후배들을 위해 경험을 나누고 돕는 활동에도 기꺼이 참여하고 있다. 언제 만나도 밝은 미소를 잃지 않는, 참 훌륭한 청년이다.

그러나 처음 해성이를 마주했을 때, 그의 얼굴에는 생명이 느껴지지 않았다. 희미한 눈빛 속엔 깊은 슬픔과 분노, 말로 다 할 수 없는 고통이 담겨 있었다. 아이들의 눈빛만 봐도 마음의 상처가 느껴질 정도가 된 나에게, 해성이의 눈은 단박에 말해주었다.

'이 아이, 보통 유년 시절을 보낸 게 아니구나.'

아니나다를까, 그의 어린 시절은 상상조차 하기 힘들 만큼 폭력으로 얼룩져 있었다. 술에 취한 아버지는 어머니와 해성이, 그리고 어린 동생들에게까지 폭력을 휘두르며 욕설과 조롱을 일삼았다. 어느날 해성이는 그저 엄마를 때리지 말아달라 말한 죄로, 피가 날 때까지 맞아야 했다. 무기력한 반복된 학대 속에서, 그는 어린 나이에 스스로 삶을 포기하고 싶다는 생각을 수없이 했다.

결국 상담교사의 도움으로 일시쉼터에 입소해 처음으로 보호를 받게 되었고, 잠시나마 따뜻한 어른들의 손길을 경험했다. 그러나 어머니의 회유에 다시 집으로 돌아간 그는, 그곳에서 더 심해진 폭력과 조롱을 견뎌야 했다.

이후 해성이는 쉼터를 전전하며 불안정한 삶을 버텼다. 지하철 화장실, PC방 등에서 밤을 보내며 '내 집'이란 개념조차 가지기 어려웠던 시절이었다. 그러던 어느 날, 다시 만난 선생님의 도움으로 자립지원관 '별바라기'에 입소하게 되었다.

이곳에서 해성이는 처음으로 자신을 진심으로 걱정해주

고 이해해주는 어른을 만났다. 그는 그 따뜻한 관계 속에서 안정과 희망, 그리고 '살고 싶다'는 마음을 품게 되었다.

별바라기에서 해성이는 PC방 아르바이트, 편의점 야간 근무, 카페 자활작업장 근무 등 다양한 직업 경험을 쌓아갔다. 바리스타 자격증과 일본어 능력시험 N2 자격까지 취득하며 스스로 삶을 준비해나갔다. 그는 특히 언어에 뛰어난 감각을 보여주었고, 일본어 공부에는 뚜렷한 목표의식까지 갖고 있었다. 그리고 그 모든 자립훈련 과업을 성실히 해냈고, 지금은 LH임대주택에 입주하여 자신만의 공간에서 살아가고 있다. 별바라기에서 지원받은 가전제품과 생활물품 덕분에 그곳은 해성이에게 진정한 '집'이 되었다.

그가 조용히 말했다.

"이제는 나도 살 만해요. 외롭긴 해도 행복해요."

그리고 이어 덧붙였다.

"지금도 집에서 맞고 있을 동생에게 너무 미안해요. 나만 살려고 도망쳐 나온 것 같아서요."

해성이는 여전히 동생을 걱정하며, 그 미안함을 가슴에 품고 살아간다.

어린 시절, 해성이는 가정 안에서 심각한 폭력에 노출된 채 자라야 했다. 그로 인해 그는 오랜 시간 동안 우울감과 무기력증에 시달렸고, 지금도 그 깊은 상처는 완전히 아물지 않은 채 마음속에 자리하고 있다.

해성이는 분명 가정폭력의 피해자이며, 그 피해로 인한 고통은 여전히 그의 삶 전체에 그림자를 드리우고 있다. 그의 아픔과 심리적인 문제들은 결코 가볍게 넘길 수 없는 일이 아니다. 누군가는 반드시 이 상처를 치유해주고, 위로해주어야 한다.

물론, 아무리 가까이 있어도 해성이가 겪은 고통을 완전히 이해할 수는 없을지 모른다. 하지만 나는 이렇게 말해주고 싶다.

"너의 아픔을 외면하지 않고 기억하는 이들이 있어. 누군가는 너의 고통에 마음을 기울이고 있어. 그리고 네가 그 아픔을 이겨내고, 건강하게 자립하길 진심으로 바라고 있어."

이 말이 해성이에게 작은 위로가 될 수 있기를, 그리고 결국 그의 회복과 자립에 힘이 되기를 간절히 바란다.

이곳에서의 3년, 해성이는 과거의 상처를 조금씩 치유받으며 자활작업장에서 묵묵히 일했고, 선생님들과의 신뢰 속에서 성실하게 자립 훈련을 이수했다.

그가 처음으로 자신의 집을 갖게 되었을 때, 그 표정을 나는 잊을 수 없다. 해성이에게 '집'은 늘 공포와 두려움의 상징이었다. 하지만 이제 '집'은 자신만의 공간에서 쉬고, 보호받고, 마음 편히 잠들 수 있는 안식처가 되었다.

"세상에… 이런 일이 나에게도 일어날 수 있다니요."

많은 이들이 너무나 당연하게 누리는 '내 집'이라는 공간. 그러나 해성이에게 그것은 눈물 나도록 벅차고 소중한 감정이었다.

지금도 해성이는 외로움과 싸우고 있지만, 누구보다 자립적인 삶을 꿋꿋이 이어가고 있다. 그리고 언젠가는 일본에서 공부하고 일하며 살아가는 삶을 꿈꾸며, 오늘도 한 걸음, 한 걸음 앞으로 나아간다.

두 번째 별 이야기
: 내가 살아가는 이유

나는 다섯 살, 엄마에게 "돌아가지 마"라고 울며 매달리던 아이였다. 부모님의 이혼 후 친척 집에 맡겨져 종교적 통제와 학대 속에서 자랐고, 사랑받기 위해, 미움받지 않기 위해 존재를 감춘 채 살아야 했다.

청소년이 된 나는 웃는 얼굴 뒤에 자기혐오를 숨기며 "괜찮아요"만 반복했다. 어머니의 알코올 중독, 오빠의 폭력, 학교의 방관 속에서 세상은 내게 한 번도 따뜻하지 않았다. 죽고 싶다는 생각, 손목을 긋던 날들조차 위로받지 못했다.

그런 나를 품어준 곳이 자립지원관 '별바라기'였다. 처음엔 믿지 못했다. 정말 아무 조건 없이, 단지 나라는 이유만으로 누군가가 날 도와준다고? 믿기지 않았지만, 문을 두드렸고, 그 순간부터 내 삶이 조금씩 바뀌기 시작했다.

별바라기는 가장 절실했던 주거 문제부터 손 내밀어주었다. 고시원에서 시작된 자립은, 비로소 '내 공간'을 갖는 시간이었다. 그 좁은 방에서 나는 처음으로 마음껏 울 수 있었고, 내 감정을 인정받을 수 있었다. '괜찮지 않아도 된다'는 말을 처음 들어본 것도 그곳이었다.

별바라기는 단지 생필품을 챙겨주는 기관이 아니었다. 상담과 치료, 교육과 훈련, 그리고 따뜻한 식사와 정서적 지지를 통해 내 삶을 '전체'로 돌봐주는 곳이었다. 특히 명절이면 혼자 남겨진 듯한 외로움을, 선생님들과 자립 친구들과 함께 보내며 따뜻함으로 채웠다.

'너의 자립을 응원해'라는 공모전에서 받은 개인 PT 지원은 내 몸과 마음을 되살리는 경험이었다. 아픈 허리를 회복하며 나는 몸을 돌보는 법을 배웠고, 이후 시작한 배드민턴은 체력과 자신감을 되찾게 했다. 지역 대회에서 3등이라는 성과도 얻었다. 내 삶은, 그 전과 완전히 달라졌다.

지금 나는 프랜차이즈 외식업체에서 시프트 매니저로 일하고 있다. 동료들과 함께 웃고, 고객에게 따뜻한 한 끼를 전하며, 내가 받은 배려를 되돌려주는 삶을 살고 있다. 나를 '존중받아야 할 존재'로 믿어준 별바라기 덕분이다.

아직 빚도 있고 삶은 완벽하지 않지만, 이제는 내가 살아가는 이유를 안다. 별바라기가 알려준 가장 큰 진실은 이것이다.

"우리는 사랑받아야 마땅한 존재이며, 회복은 가능하다."

이제 나의 작은 꿈은 또 다른 누군가에게 별이 되어주는 것이다. 누군가의 어두운 밤하늘에, 아주 작지만 환한 빛이 되고 싶다. 나처럼 살고 싶지 않았던 누군가에게, 살아볼 만한 삶을 선물할 수 있다면, 그것만으로도 나는 충분히 살아갈 이유가 있다.

감사합니다, 별바라기.
그리고 나를 포기하지 않은 모든 손길들.

세 번째 별 이야기, 광석
: 사나운 짐승 같던 아이가
 따뜻한 손끝의 전문가가 되기까지

처음 광석이를 만났을 때, 나는 '사례관리'라는 말이 그저 행정 언어가 아니라는 걸 뼛속 깊이 실감했다. 사회화라는 단어와는 거리가 멀고, 감정의 기복은 마치 거센 파도처럼 예고 없이 밀려오던 아이. 그 모습은 마치 작고 어린 짐승 같았다. 본능과 충동에 따라 움직이고, 어느 순간 눈이 뒤집혀 난동을 부리다가도 금세 사라지는 기억 속에서 고개를 떨구던 아이. 그가 바로 광석이었다.

광석이는 태어났을 때 이름도 없이 보육원에 들어왔다. 세 살 무렵, 엄마가 자신을 두고 돌아서던 뒷모습이 가장 오래된 기억이라고 했다. 엄마라는 존재에 대한 그리움과 결핍은, 채워지지 못한 사랑에 대한 욕망으로 남았고, 그것은 곧 분노와 충동이라는 모습으로 바깥으로 표출되었다.

단체생활에서 그는 늘 싸움의 중심에 있었고, 형들과의 서열 다툼, 폭력, 구타는 그에겐 일상이 되었다.

결국 광석이는 12살 무렵, 보육원에서조차 쫓겨나 장애인 시설로 보내졌다. 그리고는 울먹이며 다시는 안 그러겠다, 제발 다시 보내달라 애원했고, 겨우 다시 보육원으로 돌아올 수 있었다. 하지만 그곳엔 여전히 바뀐 것이 없었다. 생존을 위한 질서, 폭력과 지배의 논리가 광석이의 삶을 지배했고, 그 역시 그 문화를 답습하게 되었다. 더 이상 피해자가 아닌, 가해자가 되어버린 것이다.

청소년기에 접어든 그는 동생들에게 자신이 겪었던 고통을 되풀이했다. 스스로 멈추고 싶었지만 감정이 올라오면 조절이 되지 않았다. 병원에서는 충동조절장애와 분노조절장애 등의 진단이 내려졌고, 약물치료도 병행되었다. 그러나 그보다 더 고통스러웠던 건, 광석이가 자신의 행동을 스스로 후회하고 괴로워하며, "선생님, 전 왜 이러는 걸까요"라고 절망에 찬 눈빛으로 묻던 순간이었다.

18살이 되던 해, 그는 다시 보육원에서 퇴소되었고, 그렇게 별바라기 자립지원관에 오게 되었다. 여러 번 사례관리 선생님이 바뀌었고, 감당이 어렵다는 말도 많았다. 그래서 결국 내가 직접 맡게 되었다. 그는 한 번 터지면 통제가 되지 않았지만, 가라앉은 광석이는 누구보다 예의 바르고 착한 아이였다. 그 괴리 속에서 스스로를 이해하지 못하고 고통받는 아이였다.

나는 그를 매일같이 운동장으로 데리고 다녔다. 해 질 녘엔 조용히 몸을 풀고, 밤이 되면 땀이 나도록 운동을 시켰다. 땀을 흘리고 나서야 감정이 조금은 정돈되었다. 그 에너지를 정직하게 써야만, 하루를 온전히 살아낼 수 있었다. 운동이 끝나면 방으로 가서 책을 읽었다. 처음에는 글자조차 익숙하지 않아 단어부터 배우고, 수학은 구구단부터 다시 외웠다. 하루하루 반복하면서, 나는 광석이에게 수십 번, 수백 번 말해주었다.

"광석아, 그게 네 잘못이 아니야. 너는 괜찮은 아이야. 화내지 않아도 돼. 넌 잘하고 있어."

처음엔 웃음도 잘 짓지 않던 광석이가 나중에는 농담에도 웃고, 고맙다고 말도 했다. 감정이 폭발할 때도 "신부님, 저 지금 올라오려고 해요"라며 스스로를 억누르려 했다. 나와 광석이는 그렇게, 조금씩 조금씩 감정을 마주하고, 감정을 다루는 법을 배워갔다.

그리고 어느새 5년이 흘렀다.

지금의 광석이는 예전의 그 아이를 아는 사람이 보면 아마 알아보지 못할 것이다. 미용사, 피부관리사, 두피관리사 자격증을 모두 취득했고, 현재는 백화점 고급 미용실에서 전문가로 일하고 있다. 고객을 정성스럽게 응대하고, 손끝에 정성을 담는 광석이는 그 누구보다 따뜻하고, 책임감 있는 어른으로 성장했다.

그가 성장할 수 있었던 건, 단지 제도가 있었기 때문이 아니다. 그 안에서 "나는 너를 기다려줄 거야"라고 말해주는 어른이 있었기 때문이다. 그리고 광석이는 그 기다림 속에서 조금씩 스스로를 믿는 법을 배웠고, 결국 자기 인생의 주인으로 설 수 있게 되었다.

이제는 그 누구보다 부지런하고, 하루하루를 감사하게 살아가고 있다는 광석이. 그가 가끔 나에게 조용히 말한다.

"신부님, 그때 진짜 안 만났으면… 전 아마 지금 없었을 거예요."

광석이 만이 아니다. 사실은, 나도 그를 통해 배웠다. 버려진 것 같아도, 마음의 문이 닫힌 것 같아도, 한 사람을 포기하지 않고 끝까지 동행한다면 기적 같은 변화가 가능하다는 것을.

광석이는 이제, 더 이상 사나운 짐승이 아니다. 그는 사람을 돌보고, 살리는 손끝을 가진 전문가가 되었다. 그리고 지금도 어딘가에서 상처로 울고 있을 또 다른 '광석이'들에게 조용히 속삭이고 있을 것이다.

"나도 괜찮아졌어. 너도, 괜찮아질 수 있어."

네 번째 별 이야기, 민아
: 따스한 햇살 아래,
 다시 걷는 길 위에서

민아는 청소년 시기 3년 동안 방 안에 갇혀 은둔하며 지냈다. 세상과 완전히 단절된 채, 지체장애가 있는 어머니와 둘이서만 반지하에서 생활했다. 그 공간은 침수 피해로 인해 언제 무너질지 모를 위험에 놓여 있었고, 한 번은 실제로 죽을 뻔한 적도 있었지만 민아는 그곳을 벗어나지 못했다.

온 집 안엔 젖은 벽지와 물곰팡이 냄새, 악취가 가득했지만 세상이 무서워서 문을 열 용기가 없었다고 했다. 사람이 무서웠고, 고통은 일상이었고, 삶은 그저 버티는 것일 뿐이었다고 말했다.

그러던 민아가 우리 재단의 쉼터를 통해 겨우 구조되었고, 자립지원관 '별바라기'까지 연결될 수 있었다. 민아는 쉼터에서 처음 사람과 마주했고, 자립지원관에서는 처음으로 '내 편'이 생겼다고 표현했다.

현재 민아는 바리스타 자격증을 취득했고, 제빵 수업을 다니며 매일 아침 맛있는 빵을 굽는다.

"드셔보세요, 제가 만든 빵이에요."

민아는 그렇게 작은 목소리로 빵을 건넨다. 살고 싶지 않았던 시간에서 누군가에게 맛있는 것을 만들어 주고 싶은 시간으로, 민아의 삶은 천천히 바뀌어 갔다.

하느님께 민아를 살려주셔서 매일 감사 기도를 드리고 있고, 별바라기는 앞으로도 민아 곁에서 함께하기 위해 노력할 것이다.

다섯 번째 별 이야기, 은선
: 구렁텅이에서 건져올린 희망

　　　　　　　　　　　많은 청소년을 만나왔지만, 은선이와의 첫 만남은 오래도록 기억에 남았다. 그녀는 대학생이었지만, 삶에 짓눌린 채 자립지원관의 문을 두드렸다. 얼굴에는 무력함이 가득했고, 눈빛에는 깊은 피로와 슬픔이 서려 있었다. 상담을 통해 그녀의 이야기를 들으면서 우리는 알게 되었다. 이 청년이 단순히 경제적 어려움만 겪은 것이 아니라, 정서적으로도 철저히 버려진 채 살아왔다는 사실을.

　은선이는 어린 시절부터 알코올중독 아버지의 폭력과 욕설을 견뎠다. 어머니와 언니는 그 상황을 방관했고, 그녀는 혼자 감당해야 했다. 그녀에게 가족은 유일한 울타리였고, 동시에 가장 큰 고통의 근원이었다. 세 차례의 부모 이혼과 불안정한 가족 구조 속에서도 은선이는 '가족을 지키는 것'을 삶의 이유로 삼으며 살아냈다.

그러나 그 희생은 결국 그녀를 무너뜨렸다. 아버지의 반복된 난동과 죄책감, 정서적 유기의 축적은 그녀를 바닥으로 밀어넣었다.

마침내 은선이는 도움을 요청했다. 자립지원관은 그녀에게 고시원 주거를 지원했고, 정기적인 심리상담을 병행했다. 고시원에서 보내던 한 달은 그녀에게 고통이자 성찰의 시간이 되었다. 매일같이 울며 상담을 이어갔고, 스스로를 마주하는 용기를 키워나갔다. "가족을 놓는 것이 곧 배신이 아니다"라는 사실을 이해하게 되었고, 처음으로 자신의 감정에 솔직해질 수 있었다. 미움을 허락하고, 죄책감을 놓아주는 작업을 통해 그녀는 다시 일어설 수 있었다.

기본적인 자립 교육과정을 마친 후, LH 전세임대주택 연계를 통해 안정적인 주거 공간을 마련해주었다. 자립지원금, 생필품, 가전제품 등을 지원했고, 장학금과 생활비 보조를 통해 학업과 자격증 준비에 집중할 수 있도록 했다. 은선이는 혼자였지만, 이제는 단단한 지원망 속에서 삶을 꾸려나갈 수 있게 되었다. 요리와 영화 감상 같은 소소한 취미를 즐기기 시작했고, 처음으로 '쉬다'는 감정을 느꼈다고 말했다.

무엇보다 자립지원관은 그녀에게 '같이 있어주는 어른'의 존재가 되어주었다. 병원에 동행하고, 식사하며 대화 나누는 시간을 통해 그녀는 다시 신뢰를 회복했다. 그 관계는 정서적 회복의 밑바탕이 되었고, 결국 그녀를 다시 삶으로 이끌어냈다. 그녀는 과거를 끌어안되, 그 안에 갇히지 않는 삶을 선택했다.

자립은 그녀에게 단순한 '경제적 독립'이 아니었다. 은선이는 받은 도움을 다시 사회에 환원하고 싶다고 말했고, 안정된 가정을 이루고 싶다고 했다. 과거와의 단절이 아닌, 상처를 이해하고 극복하는 과정을 통해 더 나은 어른이 되고자 했다. 그녀의 이야기는 단지 한 사람의 성장기가 아니라, 우리 사회가 어떤 방식으로 청년들의 삶을 회복시킬 수 있는지를 보여주는 중요한 사례였다.

관장으로서 나는 은선이를 통해 자립의 본질을 다시 생각하게 되었다. 자립이란 경제적 독립만이 아니라, 스스로를 이해하고 돌보며, 삶의 무게를 감당할 수 있는 내면의 힘을 기르는 과정이었다. 자립지원관은 그런 과정을 함께 걸어주는 벗이 되어야 했고, 우리는 그 역할을 수행했다. 은선이의 변화는 우리 모두에게 깊은 울림을 남겼다.

앞으로도 은선이와 같은 청년들이 다시 일어설 수 있도록,
우리는 흔들림 없는 동아줄이 되어야 한다고 다짐했다.

chapter 4
경제적 자립

삶을 유지하는 생존 기술

세상을 살아내는 연습
: 가장 기본적인 근로 기술 교육

청소년들이 일자리를 잃는다는 것은 단순히 '수입이 없어진다'는 문제가 아니다. 그것은 곧 생존의 위협, '내가 쓸모없는 존재가 아닐까'라는 자기부정, 그리고 '어떻게든 살아야 한다'는 절박한 본능으로 이어진다. 자립준비청소년들이 반복해서 해고되거나 어디에서도 받아들여지지 않을 때, 그들이 선택할 수 있는 길은 너무도 좁고 가혹하다.

실수 한 번, 반응이 느리다는 이유, 말투가 어눌하다는 이유, 혹은 시설 출신이라는 편견 하나만으로 "넌 안 돼"라는 낙인이 찍힌다. 그렇게 사회의 문 앞에서 매번 거절당한 아이들은 결국 생계를 위해 위험한 선택지 앞에 서게 된다. 조건만남, 유흥, 사기, 불법대출, 성매매 등 불법적인 유혹이 손을 내밀 때, 그게 어떤 결과를 가져오는지 알면서도 손을 뻗는 이유는 '다른 길이 없기 때문'이다. 생계를 유지해야 하고, 오늘을 살아야 하기에 위험한 길을 택할 수밖에 없는 것이다.

더 안타까운 건 이들이 단지 '조금 느릴 뿐'이라는 사실이다. ADHD나 경계성 지능, 느린 학습 특성을 가진 청소년들은 적응과 이해에 시간이 필요하지만, 대부분의 사업장은 이를 기다려주지 않는다. 빠른 속도와 효율만을 요구하고, 감정적인 지적과 언어폭력이 반복된다. 결과적으로 자존감은 무너지고, 자기효능감은 사라진다.

이러한 위기의 순간, 자활사업은 마지막 희망의 다리가 되어 준다. 자립지원관에서는 이를 해결하기 위해 카페 3곳, 편의점 1곳을 운영하며 근로 기초 역량 훈련을 제공하고 있다. 이곳에서 종사자 선생님들은 출퇴근 습관, 복장과 위생, 메모 습관, 고객 응대 태도, 충동 조절, 관계 형성 등 가장 기본적인 '근로 기술'을 세심하게 지도하며 동반한다. 마치 엄마가 유치원 아이를 준비시키듯, 청소년 한 명, 한 명의 속도에 맞춰 천천히 함께 걸어간다.

이 훈련은 단지 '일을 배우는 시간'이 아니다. 삶을 유지하는 생존 기술, 다시 말해 이 아이들이 불법과 범죄의 길로 빠지지 않고 '정상적인 삶의 길'을 걷기 위해 반드시 필요한 기반이다. 청소년이 처음으로 "나는 괜찮은 사람이야"라고 믿고, 포기하지 않고, 자기 손으로 세상을 살아내기 위한 연습의 시작이 바로 이 자활사업이다.

이들의 절박함을 알고 있다면, 사회는 이 마지막 다리를 절대 놓쳐서는 안 된다. 청소년들이 포기하지 않도록, 어른들이 먼저 포기하지 않아야 한다.

삶의 무거운 짐을 나누어 갖자.
그리고 조금은 가벼워진 마음으로 다시 일어나보자.
너희는 충분히 할 수 있다.

여섯 번째 별 이야기, 재우
: 작은 어깨에 지워진 세상,
  그리고 희망의 편의점

세상은 때때로 아주 작은 어깨 위에 너무나 무거운 짐을 지우곤 했다. 재우처럼 세상에 홀로 서기 위해 발버둥 치는 어린 청춘들의 이야기다. 자립 훈련을 마치고 LH 주거지원을 통해 든든한 울타리를 얻었지만, 그에게 남은 가장 큰 과제는 바로 '삶을 유지하는 것'이었다. 매달 꼬박꼬박 나가는 월세, 각종 공과금, 통신비, 따뜻한 밥 한 끼를 위한 식비, 그리고 낯선 의료비까지. 이 모든 것이 그 작은 어깨에 얹힌 '생계비'라는 무게였다.

자립지원관에서 월급 관리 훈련을 받으며 재우는 꽤 성실하고 자신감 있게 첫걸음을 내디뎠다. 그러나 세상은 교과서처럼 친절하지 않았다. 가장 큰 난관은 '일자리를 구하고 꾸준히 유지하는 것'이었다. 20대 초반 자립청소년들이 기댈 수 있는 일자리 플랫폼은 너무 좁았다. 카페 아니면 편의점, 그리고 식당이나 배달 알바 정도였다. 집 근처에서 안정적으로 꾸준히 일할 곳은 손에 꼽을 정도였다. 그런데 이마저도 쉽지 않다는 사실에 나는 적잖이 놀랐다.

자격증도, 변변한 경력도 없는 아이들에게 카페 문은 너무 높았고, 편의점 아르바이트 자리조차 대학생이나 경력자에게 밀리기 일쑤였다. 어느 날 편의점 면접을 다섯 번이나 보고도 모두 불합격 통보를 받았다는 재우의 이야기에 당황스러움과 안타까움을 느꼈다. 이유를 묻자 "표정이 어두워서, 경력이 없어서, 학력이 낮아서, 인사성이 없어 보인다는 등의 이유였다"고 했다. 다섯 번이나 떨어진 재우는 자신에 대한 실망감과 상처 때문에 다시는 편의점에 지원하지 않고, 면접도 보러 가지 않겠다고 울먹이며 말했다. 이대로는 안 되겠다는 생각이 머릿속을 맴돌았다. 아이들이 근로 능력과 사회성을 배우고 훈련할 시간이 필요하다는 것을 절실히 느꼈다.

그래서 나는 무모하지만 간절한 꿈을 꾸기 시작했다. 아이들을 위한 카페 자활작업장을 만들고, 바리스타 1급 자격증까지 취득하게 하며 기본적인 근로 훈련을 시켰다. 그렇게 아이들은 조금씩 경력과 실력을 쌓아갔다. 다음 목표는 편의점이었다. 처음에는 동네 편의점 점주님들을 찾아다니며 MOU를 제안했다. 그러나 반응은 냉담했다. "그동안 많은 아이들을 써봤지만 대학도 다니지 않고 경력도 없는 아이들은 태도도 불량하고 무단결석이 잦았다"는 솔직한 이야기들이 내 마음을 아프게 했다. 아이들의 성장 환경을 이해해 달라고 말하기에는, 그들의 경험이 너무 뚜렷했다.

결국 나는 직접 편의점 자활작업장을 만드는 계획을 세웠다. 김균태 회원과 머리를 맞대고 사업계획서를 작성하고, 인천시 승인을 받으며 세무서에 등록하는 지난한 과정을 거쳤다. 정말 쉽지 않은 여정이었지만, 김균태 회원과 직원들의 헌신적인 도움 덕분에 작은 편의점 하나를 겨우 인수할 수 있었다. 이 모든 과정에서 받은 도움과 격려에 깊은 감사를 느꼈다.

지금 이 작은 편의점은 시설에서 생활하며 편의점 일을 배우고 싶어 하는 아이들, 아직 사회에 나설 준비가 부족한 아이들에게 소중한 배움의 터전이 되어주고 있다. 나도 몰랐는데, 편의점에서 아이들이 배울 수 있는 것이 정말 많았다. 2,000여 가지 상품의 재고를 관리하는 능력, 혼자서도 책임감을 가지고 업무를 수행하고 보고하는 역량, 그리고 다양한 손님들을 응대하며 사람을 대하는 법과 자신감을 배우는 서비스 역량까지. 이 모든 것이 아이들의 단단한 미래를 위한 밑거름이 되고 있었다.

  이 작은 편의점이 앞으로 더 많은 아이들에게 일하는 즐거움과 자신감을 선물해 주기를 간절히 기도한다. 작은 시작이지만, 이들이 세상의 무게를 덜어내고 당당하게 자기 삶을 꾸려갈 수 있도록 돕는 희망의 빛이 되리라 믿는다.

일곱 번째 별 이야기, 인성
: 스스로를 세우다

인성이는 어린 시절, 폭력적인 가정환경 속에서 자라며 깊은 상처를 안고 성장했다. 술에 취한 아버지와 회초리는 공포의 대상이었고, 가족 안에서의 긴장과 억압은 일상이었다. 감정 표현은 억눌렸고, 공부만이 정답처럼 강요되던 분위기에서 친구들과 노는 것, 게임을 하는 것, 심지어 핸드폰 하나 갖는 것도 허락되지 않았다.

그런 가정폭력 속에서 인성이는 종종 보호시설에 임시로 머무르기도 했다. 어린 나이에 집이 아닌 낯선 곳에서 보호받아야 했던 그 시간들은, 그에게 안정보다는 불안과 단절의 감정을 남겼다. 그래서일까. 지금도 인성이는 사람의 손길에 민감하게 반응하고, 누군가가 몸에 손을 대는 것을 무의식적으로 피하려 한다.

자유를 원했던 그는 일부러 집에서 멀리 떨어진 기숙사 고등학교에 진학했다. 그러나 고1 말, 체육 시간 중 축구를 하다가 전방 십자인대가 완전히 파열되는 큰 부상을 입는다. 군면제를 받게 될 만큼 중대한 부상이었고, 그 후유증은 지금까지도 운동과 재활 없이는 관리가 어려운 수준이다.

대학교에 진학한 이후에도 삶은 순탄하지 않았다. 코로나19로 인해 학교생활은 사실상 불가능했고, 내성적인 성격 탓에 사람들과의 관계도 맺기 어려웠다. 게다가 경제적으로도 매우 어려워, 학업과 생계를 병행해야 했다. 그는 PC방, 학원 강사, 치킨집, 배달 등 수많은 아르바이트를 전전했다. 그 와중에도 집에서는 단 한 푼의 지원도 받을 수 없었다.

그렇게 하루하루를 겨우 버티며 보낸 2년. 인성이는 우울감, 방황, 무기력 속에서 깊은 고통을 겪고 있었다. 앞이 보이지 않던 그 시절, 우연히 별바라기 자립지원관과의 연결은 그의 삶을 바꾸는 전환점이 되었다.

별바라기에서는 일시 주거지원과 전세임대 연계 등 실질적인 자립 기반을 마련해주었고, 정서적 지지 또한 큰 힘이 되었다. 통학에 쓰이던 하루 세 시간은 이제 운동과 재활에 투자할 수 있는 시간으로 바뀌었고, 무릎 상태도 눈에 띄게 호전되었다. 마침내 그는 별바라기와 함께한 등산 프로그램에서 한라산을 완등할 만큼 건강을 회복했다.

자립지원관의 다양한 프로그램들은 그에게 공동체 안에서 웃고 살아갈 용기를 주었다. 명절 행사, 운동회, 봉사활동, 그리고 잊을 수 없는 홋카이도 여행까지, 그 속에서 그는 관계를 회복하고, 스스로를 믿기 시작했다.

현재 그는 대학원에 진학해 학업과 연구를 병행하며 완전한 경제적 독립을 이루었다. 자취방에서 스스로 삶을 꾸리고, 책임감 있게 살아가는 성숙한 한 사람으로 성장했다.

그는 말한다.

"나는 누군가의 도움으로 세워진 사람입니다.
그래서 그 도움을 이제는 나도 돌려주고 싶습니다."

이 말 속에는 인성이라는 한 청년이 걸어온 길, 그리고 상처를 딛고 자립을 이뤄낸 사람의 깊은 결심과 따뜻한 다짐이 담겨 있다.

＊ ＊ ＊

야간이든 휴일이든, 알바로 주 40시간 이상을 채우며 생활비를 벌고 학업을 이어가는 청년들에게 20대의 청춘은 더 이상 자유와 낭만의 시절이 아니다.

그들에게 청춘은 투쟁이다.

생계와 학업 사이에서 매일같이 무너질 듯한 균형을 잡아가며, 꿈을 향해 가고 싶지만 현실 앞에 포기해야 할지를 고민하는 시간의 연속이다. 아무리 일하고 아껴도, 학업과 생계를 동시에 유지하기엔 턱없이 부족한 한국의 현실이 이들을 짓누른다.

그 과정에서 문득 떠오르는 어린 시절의 아픈 기억들은 아직 치유되지 못한 상처로 남아 이들의 자신감과 자존감을 훼손한다. 이들은 버텨내고 있지만, 그 안에는 말하지 못한 고통이 깊이 자리하고 있다.

그런 의미에서, 인성이의 변화는 참 고맙고도 감사한 일이었다. 늘 성실했던 친구였지만, 자립지원관에서 약간의 지원만 받자 심리적·정서적·신체적으로 눈에 띄게 안정감을 되찾았다. 늘 굳어 있었던 표정엔 환한 미소가 생기기 시작했고, 그 밝은 변화는 후배들에게도 긍정적인 영향을 미쳤다.

이제 인성이는 단지 자신의 자립만이 아니라, 자신보다 어린 후배들에게 도움이 되는 사람이 되고 싶다는 마음까지 품고 있다. 그 마음이 너무 기특하고, 진심으로 응원하고 싶은 청년이다.

자립이 단지 경제적 독립을 뜻하는 것이 아니라, 사람으로서 다시 빛을 되찾아 가는 과정이라면, 인성이는 그 길 위에서 가장 아름다운 성장을 보여준 사례 중 하나임이 분명하다.

여덟 번째 별 이야기, 미진
: 스스로를 지켜내기 위한 여정

처음 미진이를 만났을 때, 22살이라는 나이가 쉽게 와 닿지 않았다. 체구는 작고 말랐으며, 표정과 말투에도 힘이 없었다. 몸무게가 37kg에 불과하다는 말에, 그간 얼마나 힘든 시간을 보내왔는지 짐작할 수 있었다.

굳이 많은 이야기를 듣지 않아도, 지쳐 있는 모습이 그대로 전해졌다. 자립지원관에서의 생활이 시작되면서 미진이는 점차 달라졌다. 처음엔 조심스럽게 주변과 관계를 맺기 시작했고, 시간이 지나자 웃는 얼굴로 인사를 건넸다. 자립 훈련 프로그램과 생활 지원, 문화 활동에 꾸준히 참여하며 자신을 돌보는 법을 다시 익혀 나갔다.

과학과 자연에 관심이 많았고, 학업에도 꾸준히 임하면서 성적이 오르기 시작했다.

건강도 눈에 띄게 좋아졌다. 체중이 늘고 체력이 좋아져 지금은 5km 마라톤도 무리 없이 뛸 정도다. 문화 활동, 교육 지원, 정기 상담을 통해 삶의 균형을 회복하는 과정이 느껴졌다.

지금의 미진이는 여전히 성장 중이다.

앞으로도 갈 길은 남아 있지만, 스스로 삶을 꾸려갈 수 있다는 믿음이 생겼고, 누군가에게 도움이 되는 사람이 되고 싶다는 바람도 가지고 있다.

그 과정을 곁에서 함께하며, 자립준비청년의 자립이란 결국 '살아도 괜찮다'는 감각을 회복하는 일이라는 생각이 든다. 미진이처럼 자신의 삶을 다시 시작하고자 하는 이들을 조용히, 그리고 꾸준히 응원해 나가고 싶다.

아홉 번째 별 이야기
: 내 삶의 복구소

나는 올해 스물다섯이다. 요즘 나는 매일 아침 눈을 뜨며 '살고 있다'는 말을 자연스럽게 내뱉는다. 그 말 안에는 너무 많은 의미가 담겨 있다. 몇 년 전, 나는 정말 살고 싶지 않았다. 숨 쉬는 것조차 고통스러웠고, 내 삶이 누군가에게 짐이 된다는 죄책감에 죽음이 해답일 수 있다고까지 생각했다. 내가 무너지기 시작한 건, 내가 사랑했던 가족 때문이었다. 어릴 때부터 내게 가족은 사랑의 울타리였다.

하지만 내가 성인이 되어 내 이름으로 대출이 이뤄지고, 그 빚으로 인해 '신용불량자'가 된 순간, 가족은 상처가 되었고, 믿음은 무너졌다. 내 잘못이 아니었지만, 그걸 세상에 드러내는 것조차 수치스러웠다. 전화벨만 울려도 가슴이 무너졌고, 나는 매일 조금씩 꺼져갔다.

그러다 우연히 자립지원관을 알게 되었다. 사실 처음엔

믿기지 않았다. 어떤 조건도 요구하지 않고, 진심으로 청년을 돕고자 하는 공간이라니. 이제 와서 돌이켜보면, 그건 단순한 복지기관이 아니었다. 자립지원관은 내가 다시 숨쉴 수 있게 해준 '삶의 복구소'였다.

고시원으로 이사했을 때 처음 느꼈던 혼자만의 공간, 매일 챙겨주시던 생필품과 먹을 거리, 아무 말 없이 내 아픔을 먼저 읽어주시던 선생님의 눈빛, 치과 치료를 도와주시던 손길, 학업과 병행 가능한 일자리 연결까지. 그 모든 것이 자립지원관 안에 있었다.

그곳은 단순히 '지원'을 넘어서, '사람을 다시 일으켜 세우는 따뜻한 손'이었다. 자립지원관은 나를 단순히 보호하지 않았다. 나를 믿어주었고, 내 안의 가능성을 함께 찾아주었다.

나는 그 믿음 안에서 조금씩 변해갔다. 학업 성적은 오르고, 빚은 신용회복 프로그램을 통해 조정되었고, 작은 편의점 근무를 시작으로 경제적 자립도 꿈꿀 수 있게 되었다. 무엇보다 자립지원관에서 만난 '사람들'이 나를 살렸다. 나를 인간답게 바라봐 주고, "네가 무너지지 않도록 우리가 곁에 있을게"라고 말해주는 이들. 그들은 나의 상처를 드러

내도 괜찮다고 말해주었고, 다시 사랑받을 자격이 있다는 확신을 심어주었다.

그 이후로 나는 내 힘으로 전세집을 구했고, 스스로의 공간에서 혼자 불을 켜고 책을 펼쳤다. 일본과 미국 여행도 다녀오며 이제는 누군가의 그림자가 아닌 '나의 삶'을 살아가고 있다.

내가 다시 살아갈 수 있었던 건 자립지원관이라는 '등불'이 있었기 때문이다. 그곳이 없었다면 나는 여전히 어둠 속에서 길을 잃은 채 방황하고 있었을지 모른다.

앞으로 나는 누군가의 어둠 속에
작은 불빛 하나 켜줄 수 있는 사람이 되고 싶다.
그리고 오늘도, 자립지원관이라는 이름을
가슴에 새기며 조금씩, 단단히 걸어가고 있다.

열 번째 별 이야기, 승현
: 나를 지켜주는 별 하나, 별바라기

나는 스물다섯이다. 말만 어른이지, 불과 1년 전까지만 해도 세상이 너무 무서웠고, 어디에도 나를 받아줄 곳이 없었다. 누군가가 내게 "지금은 괜찮냐"고 묻는다면, 아주 조심스럽게 "이제 조금은 괜찮아지고 있는 중"이라고 답할 수 있을 것 같다.

나에게 가장 큰 상처는, 가장 사랑했던 사람으로부터 시작되었다. 어머니는 늘 가정을 위해 애쓰셨고, 나와 동생을 홀로 키우며 끝없는 고군분투를 하셨다. 하지만 시간이 갈수록 무너지는 삶의 무게와 빚, 우울증은 어머니를 점점 다른 사람으로 바꾸어갔다. 그리고 결국 2024년, 어머니는 스스로 세상을 떠나셨다.

장례를 치르고 돌아오는 길, 나는 더 이상 울 수조차 없었다. 감정이 무뎌졌다기보단, 도저히 울 새가 없었다. 세금, 채무, 상속, 공과금, 세입자 문제… 감당할 수 없는 현실이 나를 사정없이 몰아쳤다. 주거도 불안했고, 식비도 없었고, 무엇보다 어디에도 기댈 사람이 없었다. '이제 나는 혼자다' 그 말이 마음을 짓눌렀다.

그러던 중, 학교에서 우연히 보게 된 한 장의 포스터. '주거 취약 대학생 지원사업'. 기한은 하루 지났지만, 전화를 걸었고, 마침 한 자리가 비었다는 말에 간신히 서류를 제출했다. 며칠 뒤, 나는 자립지원관 '별바라기'라는 공간을 처음 알게 되었다.

면접 날, 나를 맞아주신 선생님은 처음 보는 사람임에도 내 상황을 진심으로 안타까워해 주셨다. 그날 나는 처음으로, 어머니의 죽음을 누군가에게 말하면서 눈물을 흘렸다. 삼촌도 친구도 아닌, 낯선 이에게서 위로를 받는 이질적인 순간. 그게 바로 별바라기가 내게 첫 번째로 건넨 따뜻한 손길이었다.

입소 후 별바라기는 단순히 주거 공간만을 제공한 것이 아니었다. 나는 진짜 나를 살게 해준 공간을 만났다. 상속포기 진행, 어머니 명의 부동산 정리, 수급자 신청, 장학금 연계, 주거지 이전 등 모든 행정 절차를 담당 선생님과 함께 하나씩 해결해 나갔다. 처음 해보는 일이었고, 너무 막막했지만, 선생님은 언제나 "괜찮다"며 내 손을 잡아주셨다.

무엇보다 내가 감사했던 건, 나를 '문서 하나'가 아닌 '한 사람'으로 대해준 것이다. 선생님은 바쁘신 와중에도 한 달에 한 번 이상은 꼭 찾아오셨고, 장을 보며 나의 이야기를 들어주셨고, 기쁜 일이 있을 땐 누구보다 먼저 축하해주셨다. 내가 처음으로 '보살핌을 받고 있다'는 감정을 느낀 곳이 바로 이곳, 별바라기였다.

별바라기에서 다양한 교육과 행사들도 함께했다. 부동산 교육을 들으며 실제로 전세 계약에 필요한 정보를 얻었고, 가정의 달 행사, 명절 모임, 심리 안정 프로그램, 문화 활동 등은 내가 다시 웃고, 다른 사람들과 함께 어울릴 수 있도록 도와줬다. '혼자 밥 먹지 않아도 되는 시간'이 생긴 것, 그것만으로도 내게는 삶의 질서가 생기기 시작했다.

나는 이전까지 늘 '내가 감당해야 하는 사람'이라 느꼈다. 도움을 받는 게 부끄러웠고, 미안했고, 언젠가 모두를 실망시킬까 봐 두려웠다. 하지만 별바라기는 그렇게 말하지 않았다. "넌 아직 시작도 안 했어", "천천히 해도 괜찮아" 그 말들이 나를 다시 일으켰다.

결국 나는 지금 군포에 작은 전세방을 얻어 생활하고 있고, 8월부터는 토목 설계 인턴십을 앞두고 있다. 어릴 적 꿈꾸던 미대는 가지 못했지만, 그림은 여전히 내 삶의 일부고, 언젠가 또 다른 방식으로 내 삶을 표현할 거라 믿는다. 무엇보다도 지금 나는 다시 삶을 만들어가고 있다는 사실이 중요하다.

나는 여전히 완전하지 않다. 때때로 혼자 울기도 하고, 앞이 보이지 않아 주저앉고 싶을 때도 있다. 하지만 이제는 안다. 내가 다시 걸어갈 수 있는 이유는, 별바라기라는 이름의 '안전한 품'이 있었기 때문이라는 걸.

누군가에겐 '하루의 위로'가, 또 누군가에겐 '인생의 방향'이 되어주는 곳. 별바라기는 내게 그 모든 것을 선물해주었다. 내가 다시 '나 자신'을 사랑하고, '세상에 존재할 이유'를 느끼게 해준 공간이다.

앞으로 나는 더 많은 것을 배우고 싶다. 그리고 내가 받았던 이 따뜻한 손길을, 다시 누군가에게 건넬 수 있는 사람이 되고 싶다. 별바라기에서 받은 그 말 한마디, "괜찮아, 너는 아직 시작도 안 했어" 이 한마디를, 이제는 내가 누군가에게 전해줄 차례다.

열한 번째 별 이야기, 병규
: 꿈을 현실로, 살아가야 할 이유를
 알게 해준 별바라기

나는 전라북도 김제시에서 태어나 자랐다. 비교적 이른 나이에 학업을 중단하게 되었는데, 그 결정에는 가정의 어려운 사정과 무엇보다 건강이 좋지 않으신 어머니를 가까이에서 돌봐야 했던 현실이 크게 작용했다. 어머니는 만성 질환과 정신적 고통 속에서 오랫동안 앓아오셨고, 어린 나이였지만 가족 중 그 곁을 지킬 수 있는 사람은 나밖에 없었다. 돌봄의 책임을 짊어진 채 학업과 일상을 병행하는 것이 점차 버거워졌고, 결국 고등학교 정규 과정을 끝마치지 못한 채 자퇴하게 되었다.

이후로는 마치 사회라는 바다에 혼자 던져진 듯한 기분으로 살아야 했다. 안정적이지 못했던 가정환경과 지속적인 경제적 어려움, 그리고 예측할 수 없는 미래 앞에서 또래 친구들이 학교생활과 미래 설계에 집중할 때, 나는 그저

'오늘 하루를 어떻게든 살아내는 것'에 집중해야 했다. 그 시절은 외롭고 불안했으며, 방향성을 잃은 채 방황하던 시간이었다.

성인이 된 후, 더 넓은 기회를 찾아 인천으로 이주하게 되었고, 그곳에서 '인천시청소년자립지원관'이라는 기관과 인연을 맺게 되었다. 처음으로 '나 혼자가 아니구나'라는 감정을 느끼게 해준 곳이었다. 그곳은 단순히 청소년 지원기관이 아니라, 다시 시작할 수 있다는 가능성을 내 안에 심어준 첫 발판이었다. 자기 주도적인 학습과 심리 상담, 다양한 체험활동을 통해 조금씩 스스로를 돌아보고 삶의 방향을 설계해보고 싶은 마음이 생기기 시작했다.

그 과정에서 대학 진학이라는 결심을 하게 되었고, 이후 본격적인 자립훈련과 주거지원이 이루어졌다. 자립지원관은 단순한 복지 서비스 제공처가 아니라, 나에게는 자립이라는 꿈을 현실로 만들 수 있게 해준 중요한 공간이었다. 아직 소속된 지 오래되진 않았지만, 다양한 프로그램을 통해 사회적 기술과 자립 역량을 키워나가고 있다. 무엇보다도 '내 가능성을 믿어주는 선생님들이 있다'는 사실만으로도 나에겐 큰 위안이 되었고, 살아갈 용기를 얻게 되었다.

그중에서도 가장 인상 깊었던 프로그램은 '인턴십 훈련'이었다. 단순한 아르바이트가 아니라, 실제 기관이 운영하는 사업장에서 실무를 경험하며 '나도 조직에 기여할 수 있다'는 자존감과 소속감을 느꼈다. 은둔생활이 길었던 나에게 이 경험은 사회 속에서 내 역할을 찾는 계기가 되었고, 내가 누군가에게 도움이 될 수 있다는 가능성을 실감하게 해주었다.

현재 나는 별바라기의 주거지원을 받아 고시원에서 생활하고 있으며, 학업과 자립생활을 병행하고 있다. 여전히 어머니의 건강은 좋지 않지만, 가능한 범위 안에서 함께 생활하며 돌봄을 이어가고 있다. 힘들고 버거울 때도 많지만, 그런 시간이 내게는 오히려 '책임감'과 '살아야 할 이유'를 일깨워주기도 한다. 그리고 자립지원관에서 만난 선생님들의 지지와 신뢰는, 어릴 적 의지할 어른이 없었던 내게 스스로를 믿는 힘이 되어주고 있다.

앞으로의 내 목표는 현재 재학 중인 대학에서 최선을 다해 학업을 마치고, 4년제 대학으로 편입하여 전공을 심화시키는 것이다. 그 과정에서 자격증을 취득하고 실무 경험을 쌓아, 장기적으로는 전기·전자 관련 분야에서 전문성을 갖춘 직업을 가지는 것이 꿈이다. 더 나아가, 지금 내가 받은 도움처럼 누군가에게 다시 일어설 수 있는 가능성을 전하는 사람이 되고 싶다.

지금까지의 여정이 결코 쉽지 않았지만, 별바라기를 통해 나는 다시 꿈을 꾸기 시작했다.

그리고 이제는 그 꿈을 현실로 만들어가는 여정을 한 걸음 한 걸음 이어가고 있다.

* * *

청소년기에 홀로 아프신 어머니를 돌보느라 학업까지 중단해야 했던 병규를 처음 만났을 때, 그는 또래보다 훨씬 성숙해 보였다. 두 눈에는 이미 인생의 무게와 그 과정을 깊이 경험한 사람만이 가질 수 있는 진지함이 담겨 있었다. 대화를 나눌 때마다 병규가 얼마나 쉽지 않은 시기를 견뎌왔는지를 자연스럽게 짐작할 수 있었고, 그 진중함은 그의 삶이 결코 가볍지 않았음을 말해주고 있었다.

그런 이유로 병규는 다른 친구들보다 지원 하나하나에 더욱 감사해하며, 그것이 결코 당연하게 주어지는 것이 아니라는 사실을 누구보다 잘 알고 있었다. 스스로의 상황을 객관적으로 바라보며 책임감 있게 기회를 받아들이는 그의 태도는 늘 인상적이었다.

우리 재단과 별바라기를 통해 병규는 희망을 되찾았고, 새로운 진로에 대한 꿈도 품게 되었다. 나는 언젠가 병규가 '제2의 별바라기'가 되어, 자신과 같은 어려움을 겪고 있는 동생들에게 따뜻한 힘이 되어줄 것이라 믿어 의심치 않는다.

아픈 마음이 치유되기 위해서는
상처가 쌓인 시간보다
훨씬 더 많은 시간이 필요하다.

그 시간을 묵묵히 지켜봐 줄
우리가 이제 여기있다.
그러니 조금 느려도 괜찮다.

chapter 5
공동체적 자립

—

혼자가 아니라는 믿음

이별 앞에 더욱 고통 받는 아이들
: 더 이상 혼자가 아니야

자립준비청소년들에게 있어 가장 큰 위기 중 하나는, 사랑하는 연인과의 관계가 갑자기 끊어졌을 때였다. 이들은 어릴 적부터 가정에서 부모의 사랑을 충분히 받지 못했고, 시설에서 자라며 늘 엄마의 애정과 아빠의 품을 그리워하며 살아왔다. 애정에 대한 갈망은 인간의 본능이기에 이들의 내면에는 늘 사랑받고 싶은 목마름이 자리 잡고 있었다.

하지만 그 욕구는 채워지지 못한 채, 고독과 외로움 속에서 자립을 시작하게 된 것이다. 그래서 한 사람의 연인이 생기면, 그 사람에게 온 마음과 사랑, 정성과 기대를 모두 쏟아붓게 된다. 그 사람은, 이들에게 처음으로 자신을 지켜주는 보호자 같은 존재가 되고, 가족이 없던 지난 유년 시절을 위로해 주는 전부와 같은 존재가 된다.

그러나 이 관계가 끝나는 순간, 그들의 마음속에는 과거의 상처가 되살아난다. 부모에게 버림받았던 기억, 존재에 대한 절망감, 외로움의 공포가 겹쳐지면서 극단적인 선택을 생각하는 아이들이 적지 않았다.

하루 전까지만 해도 세상에서 가장 행복했던 사람이, 하룻밤 사이에 모든 것을 잃은 것 같은 절망에 빠지게 되는 것이다.

오래전, 결혼을 약속했던 연인과 이별한 후 생을 마감한 한 소녀가 있었다. 그녀는 자립시설에서 생활하며 참 성실하게 살아가던 아이였고, 사랑하는 사람과 함께 건강한 가정을 꾸리기를 꿈꾸었다. 가족이 없었기에, 자녀를 낳아 사랑으로 키우며 스스로 '가족'을 이루는 것이 인생의 목표였다. 하지만, 결혼을 앞두고 상대 부모님의 반대로 인해 결국 이별을 맞게 되었고, 그녀는 삶의 이유를 잃고 말았다.

다음 날, 마지막으로 준비한 아침 식사와 편지를 남긴 채, 혼자 방에서 생을 마감했다. 그녀는 충분히 사랑을 줄 수 있는 사람이었고, 자신만의 가정을 따뜻하게 만들어갈 수 있었던 아이였다.

그러나 그녀의 마음속에는 '세상에 나 혼자뿐이다, 다시는 사랑받을 수 없다'는 깊은 절망이 자리하고 있었다. 그때, 단 한 사람이라도 그 아픔을 들을 수 있었던 사람이 곁에 있었더라면, 전화를 걸 수 있었던 사람이 단 한 명이라도 있었더라면, 그녀의 삶은 달라졌을지도 모른다.

이 사건은 내가 현장에서 더 절박하게 아이들을 붙들게 된 결정적 계기가 되었다.

그 이후로 나는 자립을 준비하는 아이들에게, 연인관계에 담긴 기대와 감정의 무게를 나누어 설명하기 시작했다. 그리고 언젠가 이별이 올 수도 있다는 것, 하지만 그 이별은 끝이 아니라 더 좋은 사랑을 준비하는 시간이 될 수 있다는 희망도 함께 전해주었다.

지금도 가끔, 연인과의 이별 문제로 극심한 좌절에 빠진 아이들이 있다. 하지만 지금은 그 아이들이 새벽이든, 늦은 밤이든 전화를 걸어올 수 있는 사람이 있다.

나를 포함한 자립지원관의 선생님들은 항상 전화를 받을 준비가 되어 있고, 그들이 혼자가 아니라는 것을 매 순간 알려주기 위해 최선을 다하고 있다.

이 아이들이 이 세상에서 마지막으로 의지할 수 있는 사람이 되기 위해, 우리는 오늘도 그리고 내일도 이 자리를 지켜갈 것이다.

청소년들이 병원에 가지 않는 이유
: 외로움의 체감

한국청소년정책연구원이나 보건사회연구원 등의 실태조사 자료를 보면, 자립청소년들의 대부분이 1년 동안 한 번도 병원에 가지 않았다는 통계를 쉽게 확인할 수 있다. 이는 단순한 무관심이나 게으름의 문제가 아니다. 현장에서 마주하는 청소년들도 마찬가지였다. 분명히 아파 보이는데도 병원에 가자고 하면 "괜찮아요"라는 말로 넘기곤 한다. 이유는 간단하면서도, 절절하다. 병원에 혼자 가는 것이 너무나 슬프고 외롭기 때문이다.

건강교육 시간에 병원 이용법, 진료 절차 등을 익히긴 하지만 실제로 몸이 아픈 순간, 청소년들은 스스로 병원에 가는 일조차 버거워한다. 이들이 느끼는 '혼자 아픈 경험'은 단지 육체적 고통을 넘어, '누구 하나 내 옆에 없는 외로움'을 더욱 또렷하게 체감하게 만들기 때문이다. 병원 대기실에서 다른 가족들이 손을 꼭 잡고 아이를 데리고 온 모습, 어머니가 자녀의 상태를 대신 설명하는 모습, 그 모든 장면이 이들에게는 비교의 상처가 되어 돌아온다.

그래서 자립지원관은 아이들이 아플 때 직접 병원에 동행한다. 집 앞까지 데리러 가고, 함께 진료를 기다리며, 때로는 진료실 안까지 동행한다. 그렇게 함께 병원을 다녀오면, 청소년의 표정은 밝아진다. 몸은 아프지만, '누군가가 나와 함께 있다'는 위로가 마음에 닿은 순간, 그들은 더 이상 혼자가 아니게 된다.

이때 비로소 그동안 거부하던 건강 자립 과제나 정서적 자립 과제들도 수용되기 시작한다. 그 작은 동행 하나가 신뢰의 시작이 되고, 치유의 시작이 되는 것이다.

뿐만 아니라, 자립지원관은 주기적인 신체 건강검진과 함께 정신건강 진단도 병행하고 있다. 청소년 중 다수는 오랫동안 자신이 어떤 병을 앓고 있는지도 모른 채 지내다가 증상이 심해져서야 병원을 찾는다. 이를 예방하기 위해 기본적인 신체 건강 진단과 함께 종합심리검사, TCI, 다요인 인성검사 등을 실시하고, 청소년의 정신적 상태를 세심하게 모니터링하고 있다.

특히 정서적 학대, 가정폭력, 발달 과업의 결핍을 경험한 청소년은 고도의 스트레스를 겪으며 실제 뇌신경 손상이 발생할 수 있다는 사실이, 최근 KAIST 뇌과학 연구를 통해 과학적으로 밝혀졌다. 자립지원관은 이 같은 연구 결과를 바탕으로, 청소년 정신건강 관리의 중요성을 더 큰 목소리로 정책에 반영하고자 노력하고 있다.

하지만 여전히 문제는 '예산'이다. 노인과 장애인 복지 분야에는 지자체별로 크고 체계적인 센터, 다양한 보조 인력, 충분한 예산이 배정되지만, 청소년 자립 분야는 늘 뒷전이다. 우리가 돌보는 아이들은 '미래의 시민'이 아니라 '당장의 책임'으로만 여겨지며 정책적으로 우선순위에서 밀려난다.

자립지원관은 이 현실 속에서도 묵묵히 동행하고 있다.

아픈 몸을 이끌고도 병원조차 가지 못하는 청소년들, 그들의 손을 잡고 함께 진료실 문을 두드리는 작은 동행이, 그 아이의 삶을 바꾸는 첫걸음이 되기를 바란다.

함께할 누군가가 있다는 것
: 문화체험과 여행이 주는 회복의 힘

문화체험 및 역사기행은 자립준비청소년들에게 단순한 여가 프로그램을 넘어, 삶의 전환점이 되어주고 있다. 그동안 일상에서 벗어나기 어려웠던 아이들에게 자연과 역사, 문화를 함께 체험하는 여행은 특별한 경험이자 새로운 세상에 대한 문을 여는 계기였다.

첫 제주도 여행을 준비하던 날, 많은 아이들이 생애 처음 비행기를 탄다며 전날 밤 잠도 이루지 못했다. 비행기를 타기 위해 여권이 필요하다는 농담에 진지하게 준비하던 모습, 신발을 벗어야 한다는 말을 믿고 슬리퍼를 챙기는 모습에서는 웃음과 함께 안타까움이 공존했다.

또래의 대부분은 가족과 함께 제주도와 해외여행을 다녀본 경험이 있는 현실 속에서, 이 아이들은 이제서야 첫 여행의 설렘을 마주하고 있었던 것이다.

 여행 중 아이들은 사진을 찍고 SNS에 올리며 자신도 '함께하는 가족이 있는 존재'라는 것을 표현하고자 했다. 비행기 창가에 앉아 하늘을 찍고, 음식이 나올 때마다 열 명이 넘는 아이들이 사진을 찍으며 즐거워하는 모습은 일상 프로그램에서는 보기 어려웠던 새로운 표정이었다. 서로의 사진을 찍어주며 웃음을 나누는 아이들을 보며 우리는 깨닫게 된다.

 "저 아이에게 저런 미소가 있었구나, 저렇게 활짝 웃는 모습은 처음이구나."

 그 웃음에는 단지 풍경의 아름다움만이 아닌, 누군가와 함께하는 '경험'에 대한 감격이 담겨 있었다.

아이들은 SNS 속 여행 사진으로 자신이 '행복한 청년'임을 세상에 증명하고자 한다. 자신도 다른 친구들처럼 즐길 수 있는 삶을 살고 있다는 것을 보여주고 싶은 마음이 읽힌다.

그렇게 여행을 다녀온 후, 아이들의 말투는 더 밝아지고, 참여도는 높아지며, 관계에 대한 태도 역시 유연해진다. 선생님과 친구들에게 끊임없이 추억을 이야기하고 자랑하며, 일상 속 우울감과 스트레스는 해소된다.

이러한 변화는 단순히 여행을 다녀온 데에서 비롯된 것은 아니다. '함께 웃을 수 있는 어른'이 있다는 경험, '기억을 공유할 수 있는 친구'가 있다는 경험이 자립준비청소년들에게 마음의 안정과 정서 회복을 가져다준 것이다.

여행 후 찍힌 사진 속 아이들의 웃는 얼굴을 볼 때마다 생각한다. 이 아이들이 기쁘게 웃을 수 있다면, 우리가 할 수 있는 어떤 수고도 마다하지 않겠다고. 후원금을 더 많이 모아 더 자주 아이들을 데려가야겠다는 마음이 절로 든다. 이 아이들이 잃어버렸던 미소와 행복을 두 배, 세 배로 되돌려주고 싶은 간절한 바람이 자립지원관의 마음이자 우리의 사명이다.

함께 할 수 있어 더 벅찬 이 순간들을
너희도 이제 마음껏 느끼며 살아가길 바란다.

열두 번째 별 이야기, 지혜
: 나는 다시 살아가는 중입니다

고통을 이해한 사람은 성숙해진다. 고통이 무엇인지 몸으로 겪은 사람은, 자신보다 어린 누군가가 아픔을 겪고 있을 때 더 깊이 공감하고, 더 조심스럽게 다가가는 마음을 지니게 된다. 그들 안에는 이렇게 말해주는 따뜻한 눈빛과 위로의 언어가 자란다.

"나도 그랬기에, 네 마음을 조금은 안다."

물론 고통의 순간에는 그것이 단지 불행처럼 느껴질 수도 있다.

"왜 나에게 이런 일이 생긴 걸까."

그렇게 세상과 자신을 원망하는 감정도 자연스러운 것이다. 그러나 시간이 지나고 마음이 조금씩 회복되기 시작하면, 그 고통은 누군가의 상처를 이해하고 안아줄 수 있는 힘으로 바뀌고, 삶을 깊게 바라보게 만드는 지혜가 되기도 한다.

결국, 고통을 이겨낸 사람은 다른 사람을 지켜줄 수 있는 마음의 근육을 갖게 된다. 그리고 그 힘은 앞으로의 삶에서 누군가에게 꼭 필요한 사람이 되는 길로 이어진다.

지금 소개할 한 아이의 이야기는 바로 그런 고통과 성장을 동시에 품은 이야기이다.

'지혜'라는 이름을 가진 아이는 정말 쉽지 않은 삶을 살아왔다. 내용의 수위를 낮추고, 자극적인 표현을 많이 걷어냈음에도 그녀의 삶은 차마 상상하기 어려운 고통의 연속이었다. 죽고 싶다는 말을 너무 어린 나이에 꺼낼 수밖에 없었던 그 마음. 숨을 쉬는 것조차 벅찼던 시간을 지나, 지혜는 지금 다시 살아가는 중이다.

과연 이 아이의 고통을 온전히 위로해줄 수 있는 사람은 누굴까? 완전히 이해할 수는 없더라도, 그 고통을 함께 기억하고 지켜봐주는 마음은 분명 지혜에게 큰 힘이 되었을 것이다.

다음은, 그 어떤 삶보다 치열하고 용기 있는 지혜의 진짜 이야기이다.

* * *

나는 아픔이 많은 아이였다. 태어날 때부터 그랬다. 7개월 만에 세상에 나와 1.3kg밖에 되지 않았고, 친엄마는 나를 안아보지도 않은 채 떠났다.

"징그러워, 외계인 같아."

내가 인큐베이터에 있는 모습을 본 친엄마의 첫마디였다. 나는 태어나자마자 가족이라는 품에서 밀려났고, 두 살이 되던 해에는 보육원에 맡겨졌다. 그때부터 '가족'은 나에게 단지 주민등록등본에만 존재하는 단어였다.

초등학교에 입학하고 나서부터는 상처가 더 깊어졌다. 친구들 사이에서 나는 '고아', '버려진 애'로 불렸고, 주말마다 부모가 찾아와 데려가는 친구들의 모습을 보며 나는 더욱 내 존재가 초라하게 느껴졌다.

아무도 나를 기다리지 않았고, 아무도 나를 찾지 않았다.

그러던 어느 날, 9살이 되던 해, 갑자기 친아빠에게 연락이 왔다. 가족이라는 말에 설레었고, '이제 나에게도 집이 생기나 보다'라는 희망이 생겼다.

하지만 그것은 불행의 시작이었다. 아빠는 나를 데려가 가족처럼 꾸몄지만, 곧 폭력과 성착취가 시작됐다. 누구에게도 말할 수 없었고, 도움을 요청할 수도 없었다. 아빠의 분노와 욕설, 구타, 협박은 일상이 되었고, 나는 산속으로 끌려가 생명의 위협을 받는 날도 있었다.

너무 어린 나이에 나는 너무 빨리 어른이 되어야 했다. 나를 보호해줄 어른이 없었기에, 스스로를 지키는 법을 배워야 했다.

하지만 나는 점점 무너져갔다.

초등학교 고학년이 되면서 술과 담배를 배웠고, 중학교 시절에는 수차례 가출을 반복하며 자해와 극단적인 선택까지 시도했다. 쉼터와 보호관찰소, 상담기관을 오가며 '문제 청소년'이라는 낙인이 붙었지만, 정작 나를 상처 입힌 어른들은 아무런 책임도 지지 않았다.

고등학생이 된 나는 누군가에게 사랑받고 싶었다. 그 감정 끝에 아이를 갖게 되었고, 아이는 미숙아로 태어났다. 나는 혼자 식당과 편의점에서 일하며 아이를 키웠다. 내 몸은 늘 지쳐 있었고, 마음은 늘 불안했다. 하지만 아이를 품에 안았을 때, 살아야겠다는 이유가 생겼다고 생각했다.

그런데 아이는 갑자기 숨을 멈췄다. 나는 절규했고, 세상이 무너졌다. "제발 살려달라"며 병원 바닥에 무릎을 꿇고 빌었지만, 아이는 다시 눈을 뜨지 않았다.

그 이후, 나는 매일같이 스스로를 탓했고, 죄책감에 시달리며 무너져갔다. 정신과 약도, 상담도 내 공허함을 메워주지 못했고, 결국 방황 끝에 불법행위로 교정시설에 수감되었다.

4년동안의 수감생활과 출소 후, 나는 갈 곳이 없었다. 아무도 나를 받아주지 않았고, 나 자신조차 나를 믿지 못했다. 그때, 한 수녀님이 내게 자립지원관 '별바라기'를 소개해주셨다.

처음엔 낯설고 두려웠다. '또 버림받으면 어쩌지?', '이번엔 믿어도 될까?' 그런 의심 속에서 자립지원관에 입소했지만, 그곳은 내가 처음으로 '보호받고 있다'는 감정을 느낀 곳이었다.

별바라기에서는 고시원 입주를 지원해주었고, 카페 자활 작업장에서 근로훈련을 하며 생활의 리듬을 되찾기 시작했다. 바리스타 및 네일아트 자격증을 취득했고, 여행 프로그램, 문화활동에도 참여했다.

무기력과 불안은 여전히 있었지만, 정기적인 심리치료와 상담, 그리고 나를 묵묵히 지켜봐주는 선생님들이 있었다. 그것이 나를 다시 붙잡아주었다.

요즘 나는 종종 과거의 나를 떠올린다. 그리고 이렇게 말해주고 싶다.

"그렇게 힘들게 버텨줘서 고마워. 네가 있었기에 지금 내가 여기까지 올 수 있었어."

나는 지금도 완전하지 않다. 어두운 기억은 여전히 나를 따라다닌다. 하지만 이제는 그 어둠 속에서 길을 잃지 않는다. 별바라기가 나를 다시 세워주었고, 나는 다시 살아가는 중이다.

앞으로의 나는 어떤 사람이 될까? 아직 뚜렷한 계획은 없지만, 나처럼 아팠던 아이들에게 "그래도 살아낼 수 있어"라고 말해줄 수 있는 사람이 되고 싶다. 그들에게 희망이 되어주고 싶다. 그리고 무엇보다, 나는 이제 더 이상 과거의 내가 아닌, 오늘의 나로 살아가고 싶다.

* * *

지혜에게

어린 시절부터 삶에 대해 너무 일찍 절망하고,
자주 좌절하며 살아야 했던 지혜야.

그래서 늘 마음속에 '죽고 싶다',
'이 세상이 빨리 끝났으면 좋겠다'는 생각을
품고 살았던 너에게 이제 이렇게 말해주고 싶다.

자립지원관에 와줘서 고맙다.
무엇보다, 살아줘서 고맙다.

지금 이 말을 믿기 어려울지 모르지만,
세상엔 너의 아픔에 함께 마음 아파하고,

함께 눈물 흘릴 줄 아는 사람이 분명히 있다.
그리고 이제는 너의 삶이 조금 더 가벼워지고,
조금 더 따뜻해지기를 진심으로 바라는 사람도 있다.

네가 어린 마음으로 겪었을 그 모든 고통을
내가 완전히 이해할 수는 없겠지만,
그래도 그 상처 위에 조금이나마
위로와 희망이 놓일 수 있도록 곁에서 함께하고 싶다.

앞으로는 더 이상 혼자가 아니라는 걸 기억했으면 한다.

열세 번째 별 이야기
: 나에게 기댈 곳이 되어준 별바라기

내 어린 시절에 대해서는 자세히 말하고 싶지 않다. 그 시간을 들추지 않아도 나를 설명할 수 있다고 믿고 싶다. 다만, 오래전부터 나는 '기댈 곳 없는 삶'이라는 것을 너무 일찍부터 배워야 했고, 그래서인지 혼자가 되면 견디기보다 포기하는 쪽을 더 쉽게 떠올렸다. 그런 내게 '별바라기'라는 공간은 예상하지 못했던 온기였다.

한 친구의 소개로 자립지원관 '별바라기'를 알게 되었고, 지원을 신청했다. 처음엔 많이 망설였다. 혹시 내 상황이 받아들여지지 않을까, 괜한 기대만 하게 되는 건 아닐까. 그런데 별바라기는 내 상황을 먼저 헤아려주었고, 따뜻하게 손을 내밀어 주었다. 내가 어떤 상처를 가지고 있든, 그걸 다 설명하지 않아도 되는 공간이 있다는 건 그 자체로 큰 위로였다.

별바라기에서는 고시원에서 생활할 수 있도록 주거를 지원해 주었고, 정서적 고립감을 덜기 위한 다양한 프로그램에 참여할 수 있었다. 특히 등산 동아리는 나에게 하나의 전환점이 되었다. 원래는 운동과 거리가 먼 사람이었지만, 누군가와 함께 산을 오르며 흘리는 땀과 웃음, 그리고 정상에 도달했을 때 느끼는 성취감은 '내가 할 수 있는 사람이구나'라는 작은 확신을 주었다.

내가 좋아하는 것, 내가 할 수 있는 것들을 알아가는 시간들이 쌓이며 두려움도 조금씩 사라졌다. 그저 공부만 하던 대학생에서, 삶을 조금 더 단단히 살아가고 싶은 '한 사람'으로 바뀌어가는 과정이었다. 지금 나는 워킹 홀리데이를 준비하며, 단기 아르바이트도 병행하고 있고, 천천히 취업 계획도 세우고 있다.

별바라기는 단순히 자립을 돕는 기관이 아니었다. 나에겐 '기다려주는 어른'이 있는 공간이었다. 포기하지 말라고, 지금 충분히 잘하고 있다고 말해주는 손길이 있는 곳. 그 손길 덕분에 나는 또 한 걸음을 내디딜 수 있었다.

앞으로도 나는 누군가의 그런 손길이 되고 싶다. 나처럼, 누구에게도 털어놓기 어려운 이야기를 품고 살아가는 누군가에게 "괜찮아, 너는 잘하고 있어"라고 말해줄 수 있는 사람이 되고 싶다.

그리고 그렇게 살아가는 내가, 지금보다 더 강해지고 있는 중이라는 걸 믿고 싶다.

열네 번째 별 이야기
: 나는 검은 개를 길들인 청년이다

"만약 지옥을 통과하는 중이라면 멈추지 말고 계속 가라." - 윈스턴 처칠

처칠이 자신의 우울증을 '검은 개(Black Dog)'라고 불렀듯, 나 또한 오랜 시간 검은 개와 함께 걸어왔다. 이 문장은 내 삶 전체를 관통하는 진실이기도 하다.

나의 가정은 늘 폭풍 한가운데 있었다. 사업 실패로 큰 빚을 진 아버지, 조현병을 앓는 누나, 분노조절이 어려운 형, 무기력하게 하루하루를 살아가는 어머니. 누나의 증세는 심각했고, 유리를 던지고, 조리도구로 가족을 때리며, 17층에서 의자를 던지는 극단적인 폭력은 가족 전체를 위협하는 수준이었다.

내겐 개인 방조차 없었기에 폭력과 갈등 한가운데에 노

출되어야 했다. 집은 쉼의 공간이 아닌 공포의 장소였고, 어린 나는 숨 쉬는 법조차 잊어가고 있었다.

초등학교 4학년, 담임 선생님의 도움으로 Wee센터에서 상담을 시작했다. 이후 위탁대안학교인 국립중앙청소년디딤센터를 거치며, 잠시나마 안정을 찾기도 했다. 그러나 반복되는 가정의 위기와 우울증, 불안, 학교 부적응은 결국 중학교 2학년 때 자퇴라는 선택으로 이어졌다.

"자퇴했어요."

이 짧은 말은 때로는 동정, 때로는 편견으로 돌아왔다. 이유를 물을 때마다 나는 설명할 말을 찾지 못했다. 수없이 곱씹은 고통을 쉽게 전달할 길은 없었다. 그 침묵 속에서 나는 더욱 외로워졌다.

자퇴 후에도 나는 검정고시 학원을 다니며 가능성을 놓지 않았다. 어렵게 고등학교에 진학했지만, 학업과 심리적 압박감은 다시금 나를 짓눌렀다. 자해와 체중 급감, 병원 치료를 반복하며 나는 끝없는 어둠과 마주했다.

그러던 중, 고3 겨울 무렵 대학 진학의 희망이 생겼고,

수능을 목표로 공부를 시작했다. 그 결과 전문대 컴퓨터 관련 학과에 진학할 수 있었다.

이때, 나의 삶에 전환점을 만들어준 존재가 있었다. 바로 자립지원관 '별바라기'였다. 상담 선생님의 추천으로 별바라기와 연결되었고, 나는 드디어 '가정에서 벗어나 스스로 살아갈 수 있는 기회'를 얻게 되었다.

별바라기에서는 단순한 생계지원을 넘어서 나라는 존재 전체를 보듬어주었다. 초기 생활관에서 자립생활을 배우며 기본적인 요리, 세탁, 청소를 익혔다. 이후 고시원에서 6개월을 지냈고, 마침내 LH 전세임대 사업을 통해 나만의 공간에서 자취를 시작할 수 있었다.

별바라기의 지원은 실로 포괄적이었다. 병원비 지원, 교재비, 교육비 지원, 장학금 연계, 제주도 여행 등 다양한 문화체험, 자기소개서 코칭과 진로 설계, 특히 제주도 여행은 잊지 못할 경험이었다. 바다를 보며 자유로움을 느끼고, 나도 다른 이들처럼 '삶을 누릴 자격이 있는 존재'라는 걸 깨닫게 되었다. 그 감정은 내게 처음이었다.

현재 나는 인천의 18평짜리 전세 주택에서 혼자 살고 있다. 주 3회는 초등학교 도서관에서 근로장학생으로 일하고, 주말에는 편의점 야간 아르바이트를 하며 생활비를 스스로 마련하고 있다.

도서관에서 아이들과 소통하며 책을 소개하고, 정리하는 일은 나에게 위로와 자존감을 준다. 두 개의 방 중 한 곳은 공부방 겸 프로젝트 작업실로 꾸며, 전공인 컴퓨터공학을 기반으로 개인 SW 프로젝트를 진행하고 있다.

혼자서 요리하고, 청소하며, 생활을 꾸려나가는 모든 일이 자립의 기쁨으로 다가온다. 의료비는 여전히 지원받고 있고, 정기적인 상담과 병원 진료를 통해 정신 건강도 잘 관리하고 있다.

내 꿈은 소프트웨어 개발자가 되는 것이다. 그리고 더 나아가, 나처럼 가정폭력이나 정신질환 가족 문제로 고통받는 청소년들에게 희망을 전하고 싶다. '혼자 살아가는 것이 두려움이 아니라 기회'임을 보여주고 싶다.

검은 개는 아직 내 안에 머물고 있지만, 이제는 내가 그 목줄을 잡고 있다. 나는 더 이상 그 어둠에 끌려가지 않는다. 별바라기의 지원과 관심은 내게 삶을 바꾸는 전환점이 되었고, 나 자신을 회복하게 해주었다.

나는 이 여정을 결코 후회하지 않는다.
멈추지 않고 계속 걸어갈 것이다.

언젠가는 누군가에게
"나도 너처럼 될 수 있을까?"라는 질문을
들을 수 있도록.

열다섯 번째 별 이야기
: 나는 별바라기 청년이라는
 이름이 자랑스럽다

나는 늘 내가 불행하다고 생각하며 살았다. 부모님의 이혼, 알코올중독으로 변해버린 아버지의 폭력, 4살부터 시작된 고통의 시간은 끝이 없어 보였다. 설날, 나를 지키기 위해 아버지와 주먹다짐을 벌인 할아버지의 모습은 아직도 생생하다. 그날 이후 할아버지 댁에서의 짧았지만 따뜻했던 시간은 나에게 '사랑'이 무엇인지를 알려주었다. 그러나 나는 그 사랑을 지키지 못했다. 도벽 문제로 경찰서에 인계되어 보호관찰을 받았다. 그리고 다시 아버지에게 돌아가야만 했다.

폭력은 더 심해졌고, 나는 살기 위해 도망쳤다. 쉼터로, 그 다음엔 또 다른 쉼터로. 그러나 그곳에서도 폭력과 차별, 심지어는 성추행까지 겪으며 '세상에 안전한 곳은 없다'는 절망에 빠지기도 했다. 그 긴 어둠 속에서 성남시중장기

청소년쉼터라는 따뜻한 공간을 찾게 되었다. 가족 같은 선생님들, 집 같은 공간, 그리고 나를 사람답게 대하는 이들의 손길이 나를 다시 일으켜 세웠다.

삶이 안정되자, 꿈이 생겼다. 처음에는 프로게이머를 꿈꾸었고, 도전과 실패를 반복하며 포기의 의미도 배웠다. 그 다음엔 명문대 입학을 목표로 정했다. 누군가는 불가능하다고 여겼던 목표였지만, 나는 하루 세 시간만 자며 매일 독서실에서 공부하는 강행군 끝에 성적을 끌어올렸고, 전교 1등, 대학교 합격이라는 성과로 결실을 맺었다.

그러나 자립은 또 다른 현실과 마주하는 일이었다. 쉼터 퇴소 후 생활고와 외로움 속에서 또 한번은 무너질 듯한 순간이 있었지만 나를 붙잡아 준 곳이 있었다. 자립지원관 '별바라기'였다. 식료품, 자립용품 지원은 물론, 심리상담과 여행 프로그램을 통해 나를 회복시켜주었다. 특히 '청춘별곡 제주도 얌얌' 여행은 막막한 현실 속에서 숨통을 틔워준 소중한 순간이었다.

군 입대 후 손목 부상으로 조기전역을 준비하던 과정에서도, 별바라기의 선생님들은 퇴소한 나를 끝까지 지원해주셨다. 병원비 지원, 주거 관리, 그리고 정서적 지지까지

아낌없이 제공해주셨다. 지금도 서류 신청 등의 행정 업무에서 도움을 주고 계신다. 이처럼 별바라기의 지원은 단지 '자립을 위한 물질적 제공'에 그치지 않았다. 정서적 안정, 관계의 회복, 인간으로서의 존엄을 되찾는 일까지 포함된 진정한 동행이었다.

 현재 나는 대학교 3학년 2학기 재학생이며, LH 전세임대를 통해 인천에서 독립생활을 하고 있다. 학교 내 근로활동과 수급비로 자립을 이어가고 있으며, 학술 소모임 회장과 학과 부회장을 역임했고, 현대차 장학생으로도 선발되었다. 꿈은 분명하다. 대기업 취업을 통해 경제적 자립을 이루고, 내가 받은 도움을 더 많은 사람에게 나누는 것. 평범한 삶을 이루기 위해 남다른 노력을 기울이며, 나는 지금도 성장 중이다.

 나는 이제 더 이상 불행하지 않다. 꿈을 꾸고, 도전하며, 누군가에게 받은 사랑을 다시 되돌려줄 수 있는 사람이 되고 싶다. 그리고 이 모든 시작은, 내 고통을 들어준 단 한 사람, 단 한 기관이 있었기 때문이었다.

 나는 별바라기의 청년이다. 그리고 나는 이 이름을 자랑스럽게 여긴다.

열여섯 번째 별 이야기, 다정
: 잊기 힘든 첫 만남

다정이를 처음 만났던 날을 아직도 잊지 못한다. 그때 다정이는 스물두 살이었지만, 몸무게는 겨우 38kg에 불과했다. 앙상하게 마른 몸, 축 처진 어깨, 생기 없는 눈빛은 그녀가 오랜 시간 혼자 고통을 견디며 살아왔음을 단번에 보여주었다.

첫 인상만으로도 다정이가 얼마나 지치고, 아파하고, 또 자신을 돌보지 못한 채 살아왔는지를 알 수 있었다. 안쓰럽고 안타까운 마음이 들어 꼭 도와주고 싶다는 강한 책임감이 들었다.

다정이는 처음부터 마음을 열지 않았다. 하지만 조심스럽게 이어진 긴 상담 끝에, 다정이는 천천히 자신의 이야기를 꺼내놓았다. 그녀의 유년시절은 말로 다 표현할 수 없는 폭력과 고통의 연속이었다.

어머니는 산후우울증을 이유로 폭력을 휘둘렀고, 정서적 학대는 일상처럼 이어졌다. 쌍둥이 동생과 함께 매를 맞으며 자란 다정이는 자존감이 무너졌고, 자신이 '태어나지 말았어야 할 존재'라고 믿게 되었다.

그녀는 사랑받지 못한 기억만으로 가득 찬 유년 시절을 견디며 성장했다.

학창시절도 결코 평탄하지 않았다. 부모님의 불화, 폭언, 그리고 이혼 시도의 반복은 다정이에게 극심한 정서적 불안을 안겨주었다. 고등학교 시절에는 불안장애로 병원 치료를 받았고, 대학 입시에서는 동생과의 비교 속에 철저히 외면당했다. 재수 끝에 대학에 진학했지만, 마음의 상처는 치유되지 않았고, 그녀는 더 깊은 무기력에 빠져들었다.

그런 다정이가 자립지원관의 문을 두드린 건 친구의 권유 덕분이었다. 더 이상 가정에서 살아갈 수 없었던 다정이는 극심한 공황과 절망 속에서 마지막 희망처럼 연락을 해왔다.

우리는 신속히 고시원 주거지원을 연계했고, 처음으로 안전하고 조용한 공간에서 쉴 수 있는 환경을 만들어주었다. 그곳에서 다정이는 조금씩 숨을 돌리기 시작했다.

매주 이어진 심리상담을 통해 다정이는 마음 깊숙이 눌려 있던 감정과 상처를 꺼내놓았다. 자신을 죽이고 싶을 만큼 미워했던 마음, 부모에게 사랑받지 못한 죄책감, 그리고 살아남은 것조차 미안해했던 그녀는 상담을 통해 점차 자신을 바라보는 시선을 바꾸기 시작했다.

'내 잘못이 아니었구나', '나는 살아도 되는 사람이구나'라는 인식이 그녀에게 서서히 자리잡기 시작했다.

우리는 상담 외에도 장학금, 생필품, 의료비 지원 등 현실적인 도움을 병행했다. 특히 치과 치료와 건강검진 등 그녀가 이전에는 감히 엄두조차 낼 수 없었던 의료 지원을 받게 해주었고, 그 과정을 통해 다정이는 '사람답게 사는 삶'이 무엇인지를 체감해갔다. 만성적인 코피와 식욕부진, 저체중으로 고통받던 다정이는 이후 체중을 회복했고, 얼굴에도 미소가 서서히 자리를 잡았다.

자립지원관은 다정이에게 단지 물리적인 공간이나 지원금만을 제공한 것이 아니었다. 우리 기관은 다정이에게 처음으로 '내 편이 되어주는 어른'을 만나는 공간이 되었고,

동시에 다시 살아볼 용기를 갖게 해준 울타리가 되어주었다. 송도에 자신의 첫 자취 공간을 마련했을 때, 다정이는 비로소 '내가 살고 싶은 방식으로 살아도 되는구나'라는 자유와 희망을 품게 되었다.

무엇보다 감동적이었던 변화는, 다정이가 받은 도움을 다시 나누려 했다는 점이었다. 청소년운영위원회에 참여하면서 자신과 비슷한 아픔을 가진 친구들에게 조심스럽게 다가가기 시작했고, 상담이나 만남 속에서 따뜻한 위로를 건네려 노력했다.

자신의 상처를 공유하는 일이 얼마나 큰 용기인지 알기에, 그 진심은 누구보다 큰 울림으로 다가왔다.

사례관리자로서 나는 다정이의 이야기를 통해 진정한 자립이 무엇인지를 다시금 배웠다. 자립은 단순히 독립적인 생활을 유지하는 것이 아니라, 깊은 상처를 딛고 다시 삶을 사랑하는 마음, 받은 도움을 다시 나누는 마음에서 비롯된다는 것을 그녀는 행동으로 보여주었다.

지금 다정이는 공무원 시험을 준비하며 하루하루를 충실히 살아가고 있다. 요리와 드럼이라는 취미를 통해 자기 자신을 즐겁게 가꾸고 있으며, 아직 정신과 치료를 받고 있지만, 그 무게를 홀로 짊어지지 않고 있다는 사실만으로도 이전과는 전혀 다른 삶을 살아가고 있다.

다정이는 여전히 여린 구석이 많지만, 그 안에 단단한 의지가 있다는 걸 나는 누구보다 잘 알고 있다.

앞으로 다정이가 어떤 삶을 살아가든, 나는 그녀가 반드시 자신만의 빛을 발할 것이라고 믿는다.

그리고 언젠가는, 그녀가 다른 누군가에게 또 하나의 '별바라기'가 되어 줄 날이 올 거라고, 나는 확신한다.

여린 어깨로 삶의 무게를
그저 버텨준 것만으로도 고맙다.

고통과 두려움을 먼저 배운 너희들에게
따뜻한 삶이 존재한다는 사실을
알려줄 수 있어 참 다행이다.

chapter 6
함께 걷는 이 길

앞으로의 이야기

절대 잊지 못할 아이들
: 민중이와 현무

미소가 유난히 귀엽고 매력적이었던 아이 민중이

겉으로는 늘 웃고 있었지만, 속은 외로움으로 가득 차 있었고, 그 눈빛에는 늘 애틋함이 서려 있었다.

몸무게가 100kg이 넘자 스스로 살을 빼겠다고 결심했고, 나는 근무시간마다 민중이와 함께 운동을 하며 응원했다. 시설 내 간식과 인스턴트 식품을 모두 치워내어 건강한 식생활을 만들고, 헬스장에도 보냈다. 편의점 아르바이트도 연계해주어 스스로 생계비도 벌 수 있게 하였다.

민중이는 12살 무렵 집을 떠나 거리에서 살아야 했던 아이였다. 감수성이 풍부하고 사랑에 목말라하던 민중이에게는 그 시절의 충격과 상처가 여전히 깊이 남아 있는 듯 보였다.

사람을 좋아하고 정이 많았던 민중이는, 세상 물정을 모른 채 나쁜 어른들의 꾐에 빠져 사기 범죄에 연루되었고, 결국 법무부 보호시설에 수용되는 일이 생기고 말았다.

그 후 마음의 무게를 견디지 못해 어느 날 시설을 무단으로 퇴소했다. 수십 번 전화를 했지만 끝내 받지 않았고, 그렇게 연락이 끊긴 지 4개월 뒤, 민중이가 하늘나라로 떠났다는 소식을 들었다.

나는 그날을, 지금도 잊지 못한다.

마음이 찢어질 듯 슬프고, 너무도 안타까웠다. 그나마 다행이었던 것은 세상을 떠나기 전날, 우리 재단 내 시설로 돌아왔다는 사실이었다. 덕분에 신부님들과 수녀님들, 많은 이들이 함께 민중이의 장례미사를 정성껏 치를 수 있었다. 화장터에서 민중이를 마지막으로 보내던 순간, 수많은 사람들이 눈물을 흘렸다.

나는 다짐했다. 다시는 민중이처럼 외로이 세상을 떠나는 아이가 없도록, 이 사명을 결코 소홀히 하지 않겠노라고.

자립해서 무척이나 성실히 살아가던 아이, 현무

어느 날 밤, 응급실로 실려갔다는 급한 전화를 받고 달려갔을 때, 현무는 이미 중환자실에 옮겨진 상태였다.

늘 건강하던 아이가 왜 그랬는지 이해가 되지 않았다. 의사의 설명은 충격적이었다. 불균형한 영양섭취로 인해 전해질과 무기질이 심각하게 부족했고, 심장과 전신 근육 기능이 거의 마비된 상태였다. 저인산혈증과 영양실조로 인한 심장마비가 찾아왔고, 심폐소생술 끝에도 돌아오지 못했다. 산소호흡기로 생명만 유지하던 현무에게 임종 성사를 주며 눈물 속에서 기도했던 그 날의 기억은 지금도 생생하다.

몇 년을 건강하게 지내다가 퇴소했기에, 자립이 잘 이루어진 줄만 알았지만 20대 초중반의 이들에게도 여전히 '사례관리'는 필요했던 것이다. 하지만 퇴소한 아이들을 위한 정부 예산은 전무했다.

나는 몇 년간 정부에 제안하고 또 제안했다. 그리고 결국, 현무를 떠나보낸 아픔 위에 쌓아 올린 간절함 끝에, 지금은 퇴소 이후 5년 동안 수당을 지원하고, 사후관리를 제공하는 제도가 마련되었다. 이 모든 변화는 현무의 희생 덕분이었다.

* * *

이 땅에서는 슬픔과 외로움이 많았지만
이제는 하늘나라에서 평화롭고 따뜻한
안식을 누리기를 바란다.

절대로 잊지 않겠다.

민중이와 현무를 통해 나는 무엇이 중요한지,
왜 이 길을 멈출 수 없는지
다시금 깊이 새기게 되었다.

심폐소생의 시간
: 마음을 살리는 마지막 골든타임

"나는 부활이요 생명이다. 나를 믿는 사람은 죽더라도 살고, 또 살아서 나를 믿는 모든 사람은 영원히 죽지 않을 것이다. 너는 이것을 믿느냐?" (요한 11, 25-26)

예수님의 부활은 단순한 기적이 아니었다. 부활의 가장 큰 은총은 생명을 다시 살리는 은총이었다. 이 생명은 육신의 생명만이 아니라, 마음과 영혼, 내면의 생명까지도 회복시키는 은총이었다.

육신이 아무리 건강해도, 마음이 병들어 있다면 사람은 삶의 의미를 잃고 결국 무너지고 만다. 의미도, 의지도 잃은 채 살아 있는 '죽은 존재'로 전락하기도 하였다.

예수님께서는 부활하신 후에도 사람들의 마음을 다시 일

으키셨고, 낙심한 이들에게 다시 믿음을 심어주시고, 살아갈 이유를 주셨다. 부활의 은총은 지금도 살아서, 우리 곁의 자립청소년들 안에서도 생명의 기적을 일으키고 있다.

"왜 저 아이들은 아무것도 하지 않습니까?"

처음 자립준비청소년들을 만난 외부 방문자들은 종종 이런 질문을 던지곤 하였다.

"아이들이 다 컸는데 왜 일을 시키지 않습니까?"
"저렇게 두면 게을러지고 나태해지지 않습니까?"
"정신력이 약해지는 것 아닙니까?"
"지금은 힘들어도 악착같이 노력해야 할 시기 아닌가요?"

그때마다 나는 조심스럽게 이렇게 답하곤 하였다.

"겉으로는 건강해 보일지 모르지만, 사실 이 아이들의 마음은 깊은 상처와 정서적 아픔으로 병들어 있습니다."

이 아이들은 어린 시절부터 버림받고, 방임당하고, 상처입으며 자라왔다. 그 결과 마음은 굳고 메말라 있었고, 삶에 대한 기대나 자기효능감이 무너진 상태였다. 무언가를 해야겠다는 의지도, 가능성에 대한 희망도 꺼져가고 있었다.

심폐소생술이 필요했던 시간. 심폐소생술은 숨이 멈춘 사람을 살리기 위한 응급처치였고, 아이들의 마음을 살리는 일도 그와 같았다. 19세부터 24세. 이 시기는 마음과 인생의 심장을 되살릴 수 있는 마지막 골든타임이었다.

이 시기에 우리는 아이들에게 다음과 같은 삶의 회복 과정을 동반해주어야 했다. 어린 시절 이루지 못한 심리·정서적 발달 과업을 완성하도록 도왔고, 아이들이 살아온 경험을 인정하면서 자존감과 자기효능감을 회복하도록 하였다. 실패 속에서도 다시 시작할 수 있다는 의지와 믿음을 심어주려 애썼고, 관계 속에서 타인의 감정을 이해하고 존중하는 법을 배우도록 인간관계 회복을 도왔다.

이 모든 과정의 바탕에는 반드시 무한한 칭찬과 격려, 지지, 따뜻한 말, 실수에 대한 용서와 수용이 함께 있어야 했다.

"부활의 은총은 지금도 이어지고 있었다."

부활은 과거의 사건이 아니었다. 지금도, 자립을 준비하는 청소년들 안에서 예수님의 생명은 살아서 움직이고 있었다. 말없이 노력하던 아이가 어느 날 "저도 해보고 싶어요"라고 말했을 때, 오랜 침묵 끝에 상담사에게 처음 눈물을 흘리며 마음을 열었을 때, 작은 성취에 기뻐하며 스스로를 칭찬하던 순간들 속에서 우리는 마음의 부활, 생명의 부활을 마주하였다.

예수님께서는 그때도, 지금도 이렇게 물으신다.

"너는 이것을 믿느냐?"

나는 믿었다.
그리고 지금도 믿는다.
부활하신 주님께서 이 아이들과 함께 계시며,
그들의 마음을 다시 살리고 계심을.

위대한 위로와 용기
: 마음을 품어 줄 평화의 메시지

"평화가 너희와 함께." (요한 20,19)

이 말씀은 예수님께서 부활하신 후 제자들에게 가장 먼저 전하신 말씀이었다. 요한복음에 기록된 이 말씀은 단순한 인사말이 아니다. 그 안에는 참된 자비와 은총, 용서와 사랑, 용기와 위로가 모두 담겨 있다. 단지 평안하라는 말이 아니라, 죄책감과 자기혐오 속에서 떨고 있던 제자들의 마음을 품어 안아주는 깊은 축복의 언어였다.

그때 제자들은 너무나 괴로웠다. 그토록 사랑하고 존경하며 따랐던 예수님을 마지막 순간에 배신하고 떠났다는 사실이 그들을 무너뜨리고 있었다. 예수님이 십자가에 달리시기 전, 그들은 모두 그분을 버렸다. 모욕당하고, 매를 맞고, 옷이 벗겨지고, 피범벅이 되어 사람들 앞에서 죽어가시는 예수님의 모습을 멀리서 지켜보기만 하며, 아무것도

하지 못했던 자신들을 저주하고 있었을 것이다.

"우리는 지옥에 가야 해. 우리는 평생 벌을 받아야 해."
아마 그렇게 생각하며 자책하고 있던 제자들에게, 예수님은 찾아오셔서 말씀하셨다.

"평화가 너희와 함께."
그것은 말로 다 표현할 수 없는 위로와 용서였다.

"더 이상 괴로워하지 말아라. 이제는 너희 자신을 미워하지 말아라."

예수님께서는 그들을 책망하거나 비난하지 않으셨다. 오히려 두려움에 떨고 있는 그들을 향해 용서의 눈빛으로 바라보시고, 평화를 선포하셨다.

그 장면을 떠올릴 때면 나는 오늘날의 많은 청소년들이 겪는 마음의 고통이 겹쳐진다. 자기혐오, 죄책감, 미움, 자책 속에서 괴로워하는 아이들. 자신을 받아들이지 못하고, 세상이 자신을 버렸다고 느끼며 살아가는 아이들. 그들 한 사람 한 사람에게 예수님께서 동일하게 말씀하신다.

chapter6. 함께 걷는 이 길

"평화가 너희와 함께" 이 말씀은 2천 년 전 제자들에게만 하신 말씀이 아니다. 오늘을 살아가는 상처 입은 아이들에게도, 자립을 준비하며 불안과 외로움 속에 하루하루를 버티는 청소년들에게도 주시는 하느님의 위로다.

나는 이 평화의 메시지를 전하는 사람이 되고 싶다. 나의 사명은, 이들이 그리스도의 평화를 통해 자기 자신을 용서하고, 사랑하고, 다시 일어설 수 있도록 돕는 것이다. 그들이 다시금 자신의 존재를 존귀하게 여기며, 이웃과 세상을 사랑하며 살아갈 수 있도록 도와주는 것, 그것이 내가 살아가는 이유이기도 하다.

나는 기도한다.

이 아이들에게 주님의 평화가 임하고, 그 평화 속에서 진정한 자아를 찾고, 삶의 기쁨을 회복하게 되기를. 그 어떤 말보다 위대한 위로, "평화가 너희와 함께"라는 그분의 말씀처럼, 나 또한 오늘도 누군가에게 그렇게 말할 수 있는 사람이 되고 싶다.

내가 걸어가야 할 길
: 고통받는 아이들을 위하여

고통받는 자립청소년들의 삶과 현실을 마주하며, 나는 한때 이런 기도를 올린 적이 있었다. "주님, 주님께서는 보고 계신가요? 어떻게 이런 일이 있을 수 있습니까…" 정말 이해할 수 없는 현실 앞에서, 무력감 속에서 울부짖듯 드린 기도였다. 그런데 그 기도 가운데 들려온 주님의 응답은 단순하고 분명했다.

"나는 그들과 함께 고통을 받고 있다."

그 말씀이 가슴 깊은 곳에 스며들었고, 그제서야 나는 비로소 깨달았다. 주님은 지금도 십자가 위에 못 박히신 채, 고통받는 이들과 함께 계시다는 사실을.

천주교 성당의 제단 중앙에는 언제나 영광에 찬 주님의 모습이 아닌, 고통스러운 십자가에 매달린 예수님의 형상이 있다. 이는 우리가 믿는 주님께서, 세상의 가장 낮고 보잘것없는 이들, 핍박받고 외면당한 이들과 함께 고통받는 분이시기 때문이다.

주님은 말씀하셨다.

"너희가 가장 보잘것없는 이에게 해준 것이
곧 나에게 해준 것이다." (마태 25,40)
"네 이웃을 네 몸과 같이 사랑하라." (마태 22,39)
"네가 가진 것을 팔아 가난한 이에게
나누어주어라." (마르 10,21)

주님은 지금도 이 말씀들을 세상을 향해 하시고 계신다. 당신을 믿는 이들에게, 그리고 세상 모두에게 끊임없이 말씀하고 계신다.

하지만 나는 그 말씀에 귀 기울이지 못했다. 세상 일에, 세속적인 일들에 귀와 마음이 닫혀, 주님의 부르심을 제대로 듣지 못했던 것이다.

나는 이제 안다.

주님은 이 고통을 외면하고 계신 것이 아니다. 지금 이 순간에도, 폭력에 시달리며 상처받은 청소년들, 집을 잃고, 가정을 잃고, 신뢰를 잃고 떠도는 이들과 함께 고통을 받으시며, 우리를 향해 말씀하고 계신다.

"너희는 내가 굶주렸을 때에 먹을 것을 주었고, 내가 목말랐을 때에 마실 것을 주었으며, 내가 나그네였을 때에 따뜻이 맞아들였다. 또 내가 헐벗었을 때에 입을 것을 주었고, 내가 병들었을 때에 돌보아 주었으며, 내가 감옥에 있을 때에 찾아 주었다."

그러면 그 의인들이 이렇게 말할 것이다.

"주님, 저희가 언제 주님께서 굶주리신 것을 보고 먹을 것을 드렸고, 목마르신 것을 보고 마실 것을 드렸습니까?"

그러면 임금이 대답할 것이다.

"내가 진실로 너희에게 말한다. 너희가 내 형제들인 이 가장 작은 이들 가운데 한 사람에게 해 준 것이 바로 나에게 해 준 것이다." (마태 25,35~37,40)

그 말씀이 내 마음에 다시금 불을 지폈고, 나는 다시 이 길 위에 서기로 했다. 그 어떤 영광의 자리보다, 눈물의 자리에 함께하시는 주님을 따라, 나는 이 아이들에게 다가가려 한다.

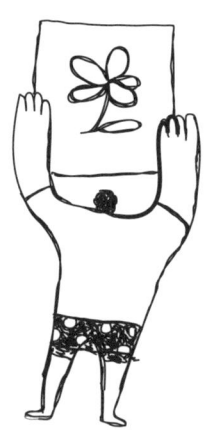

해성보육원 어린이들과의 은총의 시간
: 반복되는 아픔이 없도록

바쁘고 때로는 지칠 수밖에 없는 인과의 여정 속에서 내게 가장 큰 위로와 기쁨이 되는 시간은 해성보육원 어린이들과 함께 드리는 미사 시간이다.

이 아이들과 미사를 봉헌하고 있으면 마음에 담고 있던 걱정과 근심이 한순간에 사라지는 듯한 느낌을 받는다. 그 순간은 분명히 주님께서 주시는 은총의 시간이며, 내게는 큰 위로와 회복의 시간이 아닐 수 없다.

해성보육원의 아이들은 7살까지 수녀님 품 안에서 지극 정성으로 사랑받으며 자란다. 미사 때도 아이들은 수녀님 무릎에 꼭 붙어 앉아 떨어질 생각을 하지 않는다.

미사가 끝나면 한 명씩 안아주고 비행기 태워주는 시간

이 있다. 아이들은 줄을 서서 팔을 벌리고 자기 차례를 기다린다. 사랑에 굶주린 이 어린 영혼들은 사랑받고 싶어 하는 마음이 얼마나 큰지 보여준다.

하지만 안타깝게도 이 아이들은 8살이 되면 다른 보육시설로 전원을 해야 한다. 이 과정에서 많은 아이들이 정신적 충격과 두 번째 이별의 아픔을 겪는다. 이미 부모와의 분리로 큰 상처를 안고 들어온 아이들이 다시 수녀님들과의 단절을 겪게 되는 것이다.

몇몇 아이들은 새로운 시설에서 며칠씩 울고, 밤마다 이불을 뒤집어쓰고 울음을 참기도 한다. 아이들끼리의 서열문화가 있는 곳에서는 적응하지 못해 괴로워하는 경우도 있다. 실제로 몇몇 아이들은 나에게 말했다.

"그때 정말 많이 울었어요…."

그래서 나는 결심하게 되었다. 이 아이들이 기존 보육원 인근에서 지낼 수 있는, 작은 그룹홈(보육시설)을 마련해야겠다.

이미 부모와의 단절이라는 큰 아픔을 겪은 이들이 다시

상처받지 않도록, 민감하고 감수성이 풍부하며 적응이 더딘 아이들이 멀리 가지 않고, 지금의 사랑 속에서 연속성 있게 자라날 수 있도록 하는 것이다.

이 그룹홈은 수녀님들과의 유대와 신앙 안에서의 전인적 돌봄을 지속하며, 19살이 되면 자연스럽게 자립지원관 '별바라기'로 전원될 수 있도록 하는 징검다리가 될 것이다.

사실 지금은 아무것도 없다. 맨바닥에서 시작하는 일이다. 그럼에도 불구하고, 나는 이 사명을 위해 모금 운동을 시작했다.

언제나 그랬듯, 주님께서 길을 열어주시리라 믿는다.

이 아이들을 위한 보육 시설, 꼭 마련해 주고 싶다.
반드시 지켜주고 싶다.

천진한 웃음 뒤에 가려진 고단한 슬픔이
이 작은 아이의 영혼과 삶을 짓누르지 않도록,
나는 주님 안에서 온 힘과 사랑으로 이 아이를
지켜낼 것을 다짐한다.

하느님께 걱정을 맡긴 날
: 한국천주교주교회의의 방문

어느 날, 한국천주교주교회의에서 사목 체험의 일환으로 자립지원관과 자활작업장을 방문해 주셨다.

이날은 단순한 방문이 아니라, 자립을 준비하는 청소년과 청년들의 실태와 고통을 직접 듣고 마주하기 위해 찾아주신 뜻깊은 자리였다.

특히 산곡동성당에서 운영 중인 자활작업장을 방문해주셨고, 그 자리에는 무려 여섯 분의 교구장 주교님들께서 함께해 주셨다. 한 분의 주교님을 모시기도 어려운 자리였는데, 그날은 산곡동성당의 역사에 남을 만큼 귀하고 뜻깊은 날이 되었다.

성당의 마당에는 많은 신자들이 나와 한 분 한 분 오시는 주교님들을 따뜻한 마음으로 환영해주셨고, 나는 그 앞에서 현장에 대한 설명을 정성껏 드렸다.

무엇보다도, 이 사목이 가능할 수 있었던 가장 큰 이유는 산곡동성당 공동체의 깊은 사랑과 헌신 덕분이었다.

주임신부님을 비롯해 많은 신자들이 가족 없는 청소년들을 위해 한 층 전체를 기꺼이 내어주시고, 그 공간을 하느님의 자비 안에서 함께 보살피시는 모습은 참으로 감동적이었다. 아이들이 실수하고 서툴 때도, 신자들은 늘 너그러움과 인내, 그리고 따뜻한 마음으로 품어주셨다. 먹을 것을 챙겨주고, 용돈도 주시며, 무엇보다도 칭찬과 인정의 말로 아이들을 치유해주셨다. 이로 인해 아이들의 마음이 밝아지고, 그 변화는 현장의 모든 이들이 눈으로 직접 확인할 수 있었다.

이날 나는 주교님들께 말씀드렸다.

"교회가 해야 할 가장 중요한 사명은, 바로 이 보잘것없는 이들 안에 계신 예수님을 돌보는 일입니다."

전국의 천주교 성당들이 각 지역마다 한 곳씩이라도 이

러한 자활작업장을 마련해 주신다면, 가정이 없는 청소년들, 위기 속에 있는 청년들에게 진정한 '하느님의 집'이 되어줄 수 있을 것이라는 말씀도 함께 드렸다.

지금은 감사하게도 갈산동, 부평1동, 주안1동성당에서 아이들을 위한 자활작업장 자리를 내어주셨고 함께해주고 계신다.

혼자서는 포기했을 지 모르는 이 험난한 길 위를
함께 걷자며 손 내밀어 주신 많은 분들께
진심을 다해 감사함을 전한다.

사랑으로 함께한 따뜻한 손길
: 어려운 현실에 도움을 주신
 감사한 사람들

"참새 다섯 마리가 두 닢에 팔리지 않느냐? 그러나 그 가운데 한 마리도 하느님께서 잊지 않으신다. 더구나 하느님께서는 너희의 머리카락까지 다 세어 두셨다. 두려워하지 마라. 너희는 수많은 참새보다 더 귀하다." (루카12,6-7)

"현실의 벽 앞에서 꺾이지 않기 위해."

자립지원관에서 일을 시작하며, 나는 참으로 적지 않은 난관과 마주하게 되었다. 처음 발령을 받았을 때, 자립지원관의 상황은 매우 열악하였다. 예산은 턱없이 부족했고, 직원들의 월급조차도 다른 복지기관의 평균보다 한참 적은 수준이었다.

아이들을 위해 무언가 해보려 해도 현실은 늘 예산 부족이라는 벽에 가로막히곤 했다. 간신히 사례관리비 정도만 있었고, 아이들의 진료나 병원비조차 충분히 마련하지 못했던 상황이었다.

공동체 활동도 해야 할 것 같았고, 명절에는 혼자 외롭게 지내는 아이들을 불러 함께 따뜻한 식사를 나누고 선물도 건네주고 싶었다.

그러나 마음과 달리 손에 쥔 자원이 없었다.

무언가 배우고 싶어도 배울 수 없었던 아이들에게 악기, 운동, 미술, 언어, 기술 같은 다양한 교육 기회를 주고 싶었다. 제대로 된 여행 한 번 가보지 못한 아이들, 제주도조차 한 번도 가보지 못한 친구들에게 처음으로 비행기를 태워주고, 제주도의 바다와 바람을 경험하게 해주고 싶었다.

나는 다양한 멘토링을 통해 아이들이 서로의 삶을 나누고, 봉사를 통해 삶의 의미를 찾기를 바랐다. 독서 동아리를 만들어 책도 사주고, 함께 읽고 이야기 나누며 생각과 마음이 더 넓어지기를 바랐다.

부동산을 구해 아이들에게 생애 첫 집을 마련해 줄 때,

그 집에 최소한 전자렌지 하나, 책상 하나, 냉장고 하나쯤은 꼭 놓아주고 싶었다. 그것이 처음으로 갖는 '내 집, 내 공간'에 대한 존엄을 지켜주는 일이라 생각했기 때문이다.

그러나 현실은, 시설조차 겨울에 보일러가 고장이 나도 수리비가 없어 손도 못 대는 상황이었다. 결국 추운 겨울을 아이들은 온몸으로 견디며 지내야 했고, 나는 그 현실 앞에서 무력감과 분노, 안타까움을 삼켜야 했다.

해주고 싶은 것은 많았지만, 정작 아무것도 해줄 수 없는 순간들이 반복되면서 나 스스로도 자책하고 주저앉을 뻔한 적이 한두 번이 아니었다.

그러나 그럼에도 포기할 수 없었다. 이 아이들에게는 누군가의 지속적인 시선과 믿음, 따뜻한 손길이 절대적으로 필요했기 때문이었다.

그날부터 나는 혼자서 도움을 요청하러 다니기 시작했다. 당시 나는 이미 많이 지쳐 있었고, 청소년 사목을 그만두고 싶다는 생각이 머리끝까지 차올라 있었다.

실제로 교구에도 그런 뜻을 말씀드린 적이 있었다. 그런

데 시간이 지나면서 아이들의 살아가는 모습을 마주하니, 기가 막히고, 가슴이 미어졌다.

그리고 사제인 내가 가만히 있어서는 안 되겠다는 마음이 강하게 올라왔다. 혼자서 얼마나 해낼 수 있을지 두려움도 있었지만, "걱정하지 마라" 하신 하느님의 말씀만 믿고 달리기 시작했다. 염치 불구하고 온갖 곳을 찾아다니며, 도움을 간절히 요청했다.

처음으로 산곡동성당에서 큰 비용을 들여 보일러를 고쳐주셨다. 그 시작이 큰 디딤돌이 되었고, 이후로 진명프리텍의 명의 아버지, 어머니께서 아이들의 부족한 병원비 및 생계비를 지원해 주고 계신다.

13년 전, 유일하게 본당 보좌신부로 사목했던 연수성당 장학회에서도 그 시절 보좌신부였던 나를 기억해 주시고, 아이들의 대학 진학과 생계를 위한 장학금 지원을 이어주셨다.

그 이후로도 참 많은 은인들이 먼저 손을 내밀어 주셨다.

본당 사제관에 도움을 주시고 늘 응원해주시는 채명성

신부님을 비롯한 이재천 신부님, 이상희 신부님, 김일회 신부님, 김인섭 신부님, 남재현 신부님, 한정수 신부님, 조명연 신부님, 안규도 신부님, 이민주 신부님, 이승남 신부님, 이경환 신부님, 이충연 신부님, 이현창 신부님, 문용길 신부님, 이성만 신부님, 이용권 신부님, 재단 이사장이신 김현수 신부님, 재단 총장이신 최인비 신부님과 재단 사제들, 최재규 신부님, 김영욱 신부님, 정윤섭 신부님, 정윤화 신부님, 송준회 신부님, 장태식 신부님, 이용현 신부님, 장희성 신부님, 김흥주 몬시뇰. 돌아가신 조성교 신부님. 후배의 어려움을 듣고 먼저 연락하시며, 아이들을 위해 큰 도움을 보내주셨다.

또한 자활장소를 기꺼이 내어주시고 함께해주신 본당 신부님들께도 깊은 감사를 전한다. 산곡동 이홍영 신부님, 갈산동 홍민용 신부님, 부평1동 이재학 신부님, 주안1동 전대희 신부님. 본당 안에서 아이들과 함께 살아간다는 것은 신부님 입장에서는 결코 쉬운 결정이 아닐 것이다. 그럼에도 불구하고 기꺼이 아이들의 곁에 서 주신 것, 진심으로 감사드린다.

그리고 언제나 곁에서 함께 힘써 주시는 분들께도 깊이 감사드린다.

자동차를 비롯해 많은 기도후원을 해주신 인천교구평신도사도직협의회 한규철 회장님 및 임원분들. 간식을 비롯한 아이들 생계를 지원해주신 인천도시공사, 인천시민재단, 부평라이온스클럽, 비전기업협회, 인천적십자사. 별바라기 아이들을 늘 추천해주시는 안함사 장학금의 안진걸 소장님. 아이들이 입주할 때 필요한 가전제품을 준비해주신 인천여성봉사특별자문위 이행남 위원장, 최은영 명예위원장님. 그리고 그 외에도 김균태 후원회원님, 문숙란, 오연순, 박노식, 이문제, 대모할머니, 산곡동성당 장학회, 홍정희, 이병순, 조의성 사무관님, 김미애 국장님, 인천시의 이현애, 박명숙, 조진숙, 김지영 국장님, 경기서부지역스터디, 인천교구 빈첸시오회, 상담복지개발원의 함께 해주시는 분들, 인천청소년복지협회 및 재단 보호시설 기관장들, 유승건설 민광옥 회장님, 주교회의 학교 밖 청소년분과 신부님들, 화수동성당 사목회, 코코렌탈 조병우 이사장님.

진심 어린 지지를 보내주신 부모님과 가족들, 해성보육원 수녀님들, 도미니카 수녀님들, 매제인 민택이, 전경희 이사님, 조규필, 오진희, 이명덕, 이미애, 김향자, 한여옥, 최윤숙, 최윤정, 최수산나, 최상임, 김유리, 조소영, 조현숙, 이형옥, 임명숙, 이영주, 홍성우, 임찬양, 박종민, 이정훈, 이진숙, 김남위, 조영란, 김영례, 김은주, 김혜원, 고건

홍, 남데레사, 출판과 함께 아이들을 위한 마음에 함께해 주시는 작가의 탄생 김용환 대표님, 김기라와 부모님, 윤소화, 홍양숙, 손문희, 이순자.

이름 하나하나를 다 적을 수 없을 만큼 많은 '어머니', '아버지'들께서 아이들을 위해 후원해 주시고, 보이지 않는 곳에서 조용히 도움의 손길을 보내주셨다.

또한 복지사업을 함께 이끌어갈 사람이 필요하다는 우리의 간절한 요청에, '정진석 추기경 선교후원회'와 '인천국제공항공사'가 따뜻하게 응답해 주셨다.

정부나 지자체를 비롯한 어느 곳에서든 가장 필요한 지원이 무엇인지 묻는다면, 나는 언제나 "사람"이라고 답한다. 특히 청소년들을 돌보는 복지사는 현장에서 가장 절실히 필요한 존재이지만, 동시에 가장 확보하기 어려운 자원이기도 하다.

아이들의 회복과 자립을 위해 애쓰는 복지사들은 고군분투하고 있음에도, 모든 아이들의 도움 요청에 다 응답하지는 못하는 것이 현실이다.

그러한 상황 속에서 정진석 추기경 선교후원회와 인천국제공항공사의 따뜻한 응답은 큰 힘이 되었으며, 그로 인해 도움을 받지 못했던 더 많은 아이들이 보호와 지원을 받을 수 있게 되었음은 매우 뜻깊은 일이다.

아이들을 구하는 데 있어 가장 절실했던 요청에 응답해 주신 데 대하여 진심으로 감사의 뜻을 전하는 바이다.

아팠던 시간만큼 단단해진 마음으로
자신의 삶을 씩씩하게 살아갈 너희들을
언제나 마음을 다해 응원한다.

정기후원 가입서

정기후원으로 별바라기와 함께 해주세요.

■ 회원기본정보

성명	연락처

■ 후원정보

정기후원금	□5천원 □1만원 □2만원 □3만원 □기타(월 원)
은행명( ) 예금주명( ) 계좌번호( )	
※ 전화번호로 된 평생계좌는 사용 불가	
예금주 생년월일(주민번호 6자리) ※ 기부금영수증 발행 희망 시 주민등록번호 전체 기재	
( )	
예금주 휴대전화번호( )	
출금일자 □1일 □11일 □21일 □25일	

■ 개인정보 수집 및 이용동의   □ 동의함   □동의 안함

수집 및 이용목적 : 본인 식별, 후원금 출금(효성CMS 자동이체를 위한 출금), 기부금영수증 발행
수집항목 : 성명, 생년월일, 연락처, 은행명, 예금주명, 계좌번호, 예금주 휴대전화번호
보유 및 이용기간 : 수집 및 이용 동의일로부터 종료일(해지일)까지
신청자는 개인정보의 수집 및 이용을 거부할 수 있습니다. 단, 거부 시 자동이체 신청이 처리되지 않습니다.

■ 개인정보 제3자 제공동의   □ 동의함   □동의 안함

개인정보를 제공받는 자 : 효성에프엠에스(주), 금융기관(신청가능 은행: 국민, 우리, 신한, 농협, 하나, SC, 기업, 외한, 씨티, 산업, 새마을, 부산, 대구, 경남, 광주, 전북, 제주, 수협, 신협, 우체국, 동양증권, 삼성증권), 통신사(SKT, KT, LGU+, CJ헬로비전) 등 자세한 내용은 홈페이지 게시(제휴사 소개 메뉴 내), 효성 ITX
개인정보를 제공받는 자의 이용 목적 : 자동이체서비스 제공 및 자동이체 동의 사실 통지
제공하는 개인정보의 항목 : 성명, 생년월일, 연락처, 은행명, 예금주명, 계좌번호, 예금주 휴대전화번호
개인정보를 제공받는 자의 개인정보 보유 및 이용기간 : 동의일부터 자동이체의 종료일(해지일)까지 단, 관계 법령에 의거 일정기간 동안 보관
신청자는 개인정보에 대한 수납업체가 제 3자에 제공하는 것을 거부할 수 있습니다. 단, 거부시 자동이체 신청이 처리되지 않습니다.

* 자동이체 동의여부 통지 안내 : 효성에프엠에스(주) 및 금융기관은 안전한 서비스의 제공을 위하여 예금주 휴대전화번호로 자동이체 동의 사실을 SMS(또는 LMS)로 통지합니다.

신청인은 별바라기 후원회원으로 가입하여 위와 같이 정기후원금을 납부하는데 동의합니다.

신청인 :   (인) 또는 서명

(신청인과 예금주가 다를 경우) 신청인 :   (인) 또는 서명

자립준비청소년들에게
또 하나의 '별바라기'가 되어주세요.
정기후원 가입서를 작성하신 뒤, 사진을 찍어
이메일, 팩스, 문자 중 편하신 방법으로 보내주세요.

> **정기후원 가입서 보내주실 곳**
>
> · **이메일** icyouthself@naver.com
> · **팩 스** 032-875-1320
> · **문 자** 010-4007-1319

도서 단체주문 시에는 권 수와 주문자 성함을
함께 보내주시면 됩니다.

* 이 책의 수익은 전액, 자립을 준비하는 청소년들의 자립 훈련비, 의료 지원,
긴급 생계비, 자활 훈련 및 생활 지원을 위한 기금으로 사용됩니다.

송원섭 신부와 별바라기 이야기

© 2025 글 송원섭

초판 1쇄 2025년 8월 14일

지은이 송원섭

펴낸이 김용환

디자인 김유린

마케팅 김지은

발행처 ㈜작가의탄생 | **임프린트** 인생산책

주소 (18371) 경기도 화성시 병점노을5로 20 골든스퀘어 2차 1407호

출판등록 제2024-000077호 | **대표전화** 1522-3864

전자우편 we@zaktan.com | **홈페이지** www.zaktan.com

ISBN 979-11-394-2171-2 (03810)

* 인생산책은 (주)작가의탄생의 단행본 출판 임프린트입니다.
이 책 내용의 전부 또는 일부를 이용하려면 반드시 저작권자와
(주)작가의탄생의 서면동의를 받아야 합니다.
* 잘못된 책은 바꾸어 드립니다.
* 책값은 뒤표지에 있습니다.